DIE GESCHICHTE DES FAHRRADS

AT
VITRINE

Felix R. Paturi

DIE GESCHICHTE DES FAHRRADS

AT Verlag Aarau · Stuttgart

Umschlaggestaltung: Dora Hirter, Kölliken
Bildredaktion: Toni Nötzli, Dübendorf
Konzept, Inhalt und Gestaltung: Hans Gallati, Aarau

AT Verlag Aarau/Schweiz
Gesamtherstellung: Grafische Betriebe
Aargauer Tagblatt AG, Aarau
Printed in Switzerland

ISBN 3-85502-317-4

1818 baute Nicéphore Nièpce eine lenkbare Laufmaschine nach. Heute steht sie im Museum seiner Geburtsstadt Châlon-sur-Saône.

Inhalt

Von Mäusen, Menschen und Radfahrern

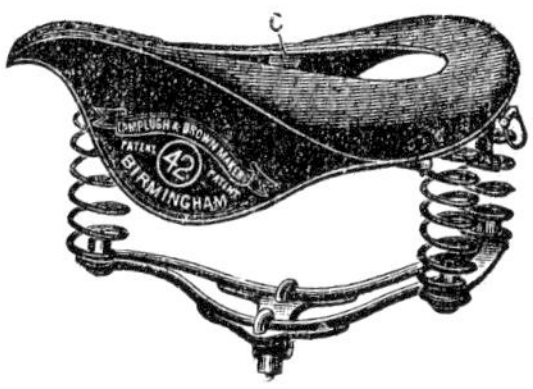

«Ich möchte jeden aufs Fahrrad setzen, nicht ab und zu einmal, sondern regelmässig.» – 1958 ging dieser Satz um die Welt. Grosse Tageszeitungen in aller Herren Länder zitierten damit Dr. White, den Leibarzt von Dwight D. Eisenhower. «Der amerikanische Präsident», so berichtete die Presse, «fährt jetzt mehrmals in der Woche eine Stunde Fahrrad. Seine Ärzte empfahlen ihm Radfahren als Mittel gegen die Managerkrankheit.» Dr. White begründete das: «Regelmässiges Radfahren beugt Herzkrankheiten vor.»
Heute, 30 Jahre nach der damals ungewöhnlichen Therapie für den seinerzeit mächtigsten Mann der Welt, weiss jedes Kind, dass Radfahren gesund ist. Wie gross der allgemeine Nutzen für den menschlichen Körper ist, haben amerikanische Ärzte unlängst nach einem komplizierten Schlüssel im Vergleich mit anderen Sportarten herausgefunden. Sie berücksichtigten Kriterien wie das Training der Herz-Lungen-Ausdauer, der Muskelausdauer, der Muskelentwicklung und der Muskelkraft, der Beweglichkeit, aber auch Komponenten wie Gewichtskontrolle, geregelte Verdauung und gesunden Schlaf und bewerteten das Radfahren mit 142 Punkten, im Vergleich zu Schwimmen, Handball und Squash mit 140, Tennis mit 128, schnellem Gehen mit 102, Golf mit 66 oder etwa Kegeln mit 51 Punkten. Nur der Langstreckenlauf schnitt mit 148 Punkten noch besser ab als das Radeln.
Verblüffenderweise ist die Wertschätzung der Mediziner für das Radfahren gar nicht sehr alt. Noch Eisenhowers Leibmedicus stach mit seiner publicity-trächtigen Empfehlung bei zahlreichen seiner Fachkollegen in ein Wespennest. Mit sehr nachhalti-

Obwohl die Mediziner lange Zeit vor den gesundheitsschädigenden Gefahren des Radfahrens warnten, wurden noch vor der Jahrhundertwende Gesundheits-Velocipeds gebaut: 1890 Von Wedell's Kaiserrad.

ger Wirkung hatte nämlich im Jahre 1900 der Bonner Arzt und Anatomieprofessor Dr. med. Schiefferdecker in einem dicken Standardwerk über «Das Radfahren und seine Hygiene» scheinbar medizinisch gut fundierte Warnungen vor dem Zweiradfahren verbreitet. Nach einer kurzen Einführung, in der er eingestand, dass das Radeln als starke Körperbewegung in frischer Luft die Beinmuskulatur kräftigt, die Atmung vertieft, die Herztätigkeit verstärkt, einen regen Stoffwechsel auslöst und generell abhärtend wirkt, konstruierte er mit der Gründlichkeit des deutschen Gelehrten eine lange Liste drohender gesundheitlicher Gefahren, die kaum etwas anderes zuliess als den Schluss, dass ein Fahrrad selbst den Gesündesten mit der Zeit zwangsläufig in ein menschliches Wrack verwandelt: «Es besteht also kein Zweifel», fasste Schiefferdecker seine anfänglich noch positiven Gedanken zusammen, «dass das Radfahren eine Übung darstellt, bei welcher der gesamte Körper in eine gewisse Erregung gerät, und zwar auf eine für den Fahrenden sehr angenehme Weise. So wie nun aber diese Erregung, diese Anstrengung des Körpers einen zu hohen Grad erreicht, wird in dem gleichen Masse eine Schädigung nicht nur der gerade tätigen Muskulatur, sondern eben auch der verschiedensten Organe eintreten können; und das ist eben die grosse Gefahr, die das Radfahren mit sich bringt, eine Gefahr, die um so grösser ist, als sie dem Radfahrer zunächst nur wenig oder gar nicht zum Bewusstsein zu kommen braucht. So können die Muskeln, die Gelenke zu stark angestrengt werden, so das Nervensystem, die Lungen, das Herz, so die Nieren, denn dieselben haben als Hauptausscheidungsorgane eine sehr erhöhte Tätigkeit zu leisten, so die Augen, die Nase, der Kehlkopf. Alle diese Schäden

Heute zweifelt niemand mehr am gesundheitlichen Nutzen des Radfahrens. Doch die Musse früherer Jahre ist längst Vergangenheit. Der zunehmende Strassenverkehr stellt neue Probleme.

können eintreten, auch wenn der Radfahrer ein durchaus passendes Rad fährt und den richtigen Sitz einnimmt. Bei fehlerhaftem Sitz können weiter die Verdauungsorgane geschädigt werden, die äusseren Geschlechtsorgane, die im Damm liegenden Teile, die Wirbelsäule, die Armmuskeln, die Augen usw. Endlich ist noch in Rücksicht zu ziehen, dass, so nützlich die Bewegung in frischer Luft auch ist, doch der Radfahrer nicht immer in der Lage ist, sich die äusseren Verhältnisse so auszusuchen, wie sie gerade am besten sind. Der Radfahrer kommt oft in die Lage, Sonnenbrand und Hitze, stärkeren und eventuell kalten Wind, Staub und Nässe ertragen zu müssen; dazu kommt das eventuell auf der Chaussée sehr störende, blendende Licht. Die starke Erhitzung beim Radfahren kann mit einer plötzlichen Abkühlung wechseln, und so können Erkältungen herbeigeführt werden. Der Radfahrer kann genötigt sein, längere Zeit in nassen Kleidern zu bleiben

An Ratschlägen der Ärzte fehlte es nicht. Von Cur-Arzt Dr. med. C. Fessel aus Bad-Ems stammte 1897 das Buch «Das Radfahren der Damen».

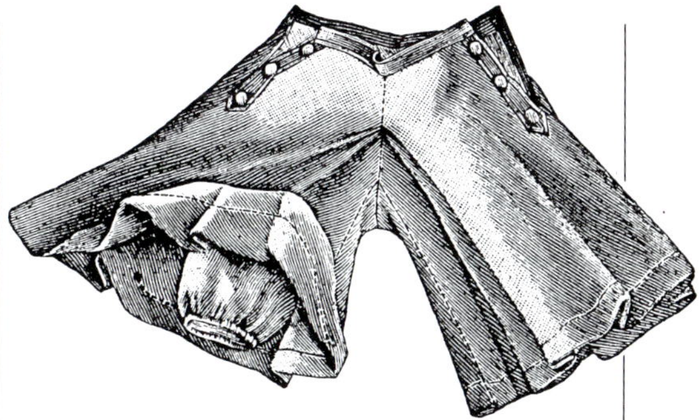
Ansicht des ausgebreiteten «geteilten Beinkleid-Rockes».

usw. Alles dies sind Einwirkungen, an die wir bei unserer üblichen Lebensweise zum grossen Teil nicht gewöhnt sind und die uns daher um so leichter schädigen können. Einem gesunden Menschen in jüngeren Jahren, Mann oder Weib, kann man zweifellos das Radfahren ohne weiteres gestatten, aber man muss ihn von vornherein eingehend auf die Gefahren desselben aufmerksam machen. Den Damen ist hierbei noch grössere Vorsicht anzuraten als den Herren, da einmal bei ihnen die Muskulatur überhaupt nicht so stark angelegt ist wie beim Mann, da sie zweitens gewöhnlich nicht so gut durch Übung entwickelt ist, da drittens infolge des grösseren Fettpolsters, welches der Frauenkörper besitzt, das Körpergewicht im Verhältnis zur Muskulatur ein grösseres ist und da viertens die Kleidung der Frau zum Fahren im ganzen ungünstiger ist wie die des Mannes. Endlich ist noch in Betracht zu ziehen, dass infolge der Eigenart in der Tracht auch die Atmungsorgane weniger entwickelt zu sein pflegen.»

Dr. Schiefferdecker vertrat zu seiner Zeit keineswegs eine ungewöhnliche medizinische Position. Schon 15 Jahre vor ihm hatte sogar der berühmte Professor Dr. Robert Koch Zwei- und Dreiradfahrern mit Katarrhen, Gelenkrheumatismus, Herzklappenfehlern, Nieren- und Rückenmarkserkrankungen, Lungenemphysem, Herzdilatation, Aortenneurisma und der Schädigung der Unterleibsorgane gedroht, vom akut lebensgefährlichen Sonnenstich ganz zu schweigen. Und wenig später ergänzten amerikanische Ärzte die Liste noch durch unmittelbare Gefahren für die Nieren, den Magen, das Nervensystem, die Blutgefässe, die Blase, die Prostata, die Sinnesorgane und sogar für den Blinddarm. Ein deutscher Mediziner befürchtete, das Radfahren würde zu ungehemmter geschlechtlicher Triebkraft führen, ein Risiko, das seine amerikanischen Kollegen indessen nicht sahen: Sie vertraten die Ansicht, das Radfahren mache impotent.

Nur wenige weitsichtige Heilkundler erkannten den wohltuenden Einfluss des Radelns schon vor den Ärzten Eisenhowers, unter ihnen der Gesundheitspfarrer Kneipp, der bereits 1894 anlässlich des Stiftungsfestes des Radfahrvereins Wörishofen den allgemein verbreiteten Ansichten entgegentrat: «Man glaubt, dass durch das Radfahren viele frühzeitig gebrechlich fürs ganze Leben werden... Es ist meine vollste Überzeugung, dass das Radfahren nicht bloss nicht nachteilig ist, sondern dass es grosse Vorteile haben kann, und warum? Je mehr unsere Glieder in Bewegung kommen, je mehr vermehren sich die Kräfte, dass so ein Weichling, ein Schwächling, durch gute, richtige Übung seine Kraft ums Doppelte und Vierfache vermehren kann.»

Was Pfarrer Kneipp weiland noch rein intuitiv behauptete, ist seit rund zwei Jahrzehnten erwiesene Tatsache: Radfahren ist gesund, und eingehende sportmedizinische Untersuchungen haben ergeben, dass es so etwas wie typische Radfahrerkrankheiten – etwa Rundrücken, Gelenk- und Wirbelsäulendefekte oder Nierensenkung – nicht gibt. Selbst berufliche Radrennfahrer leiden nicht häufiger an derartigen Körperdefekten als andere Menschen.

Im Gegensatz zur Schulmedizin warb die Fahrradindustrie seit eh und je mit dem hohen Gesundheitswert ihrer Produkte, und schon vor ziemlich genau einem Jahrhundert brachte sie auch die ersten Heimtrainer auf den Markt, deren Ziel mit dem Erfindungsgedanken des Zweirads nichts mehr gemein hatte: Nicht zur mühelosen Fortbewegung sollten diese Salonfahrräder

Schon in frühester Zeit wurden Heim-Trainingsgeräte entwickelt, um sich unbesehen der Witterung körperlich betätigen zu können.

dienen, sondern einzig und allein der körperlichen Ertüchtigung und der Freude an der Bewegung. Genau diesen Stellenwert hat das Fahrrad heute, im Zeitalter des schnellen motorisierten Zweckverkehrs wiedergefunden, und kaum ein Radler, der Maus pro Gramm ihres Eigengewichts eine Energie von 160 bis 380 Joule auf; Bienen und Ratten verbrauchen 60, Kaninchen, Kolibris und Hubschrauber 15, Hunde und Passagierflugzeuge 6, Schafe 4, Tauben 3,8, Kühe und Pkw 3,3, Fussgänger 3, Pferde

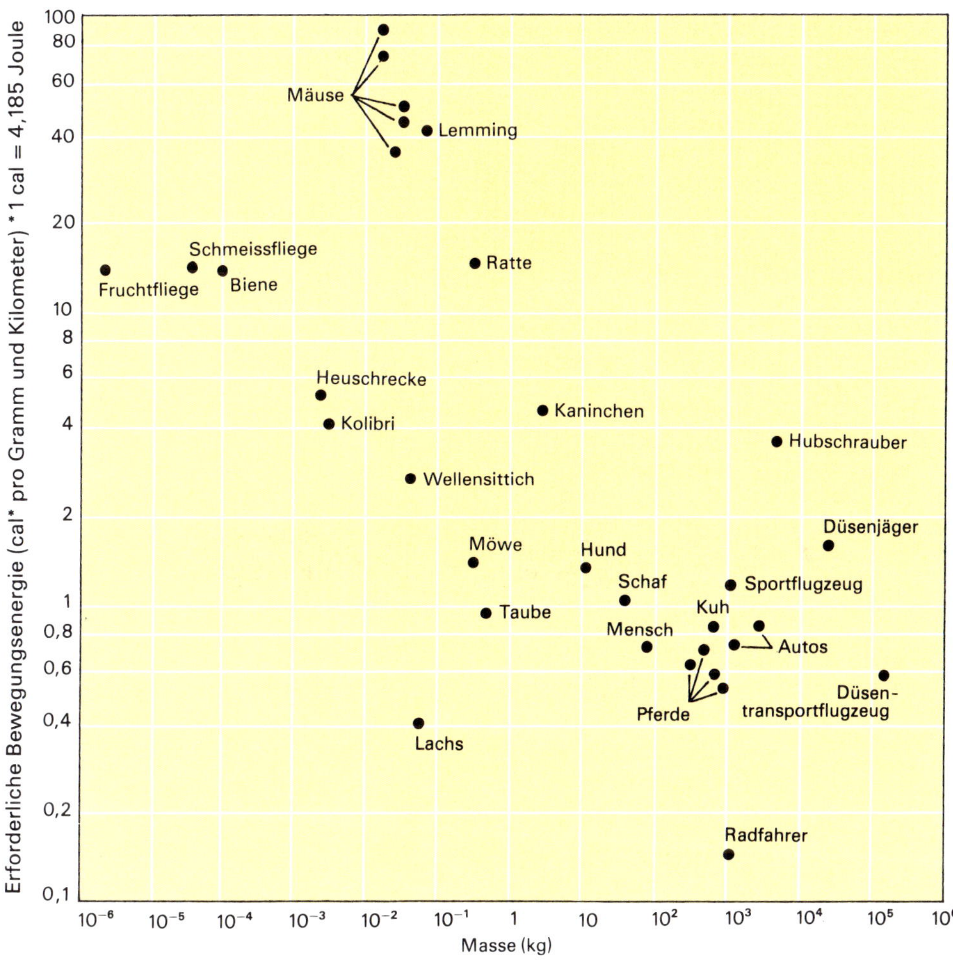

Radfahren ist mit Abstand das ökonomischste Fortbewegungsmittel.

sich auf seinem Stahlross gesundstrampelt oder damit ganz einfach eine entspannende Bummeltour ins Grüne unternimmt, ist sich mehr dessen bewusst, mit welchen eindrucksvollen fortbewegungsphysikalischen Daten sein Gefährt aufwarten kann: Um einen Kilometer zurückzulegen, bringt eine

2 bis 3, Transport-Düsenflugzeuge 2,5 und Lachse 1,7 Joule. An einsamer Spitze in der Wirtschaftlichkeit steht mit 0,6 Joule der Radfahrer. Mäuse, Menschen und Radfahrer verhalten sich in ihrer Energiebilanz also wie 500:5:1. Aber nicht nur in seiner Energienutzung schneidet das Fahrrad der-

artig überragend ab. Auch was die niedrigen Investitionskosten in bezug auf die gesamte Fortbewegungsleistung angeht, steht es an der Spitze aller technischen Bewegungshilfsmittel, die Schuhe eines Fussgängers eingeschlossen.
Ihre wahre Last mit dem Fahrrad haben allein die Physiker. Die Vorgänge beim Radfahren mathematisch exakt zu beschreiben, wird wohl niemals mit letzter wissenschaftlicher Gründlichkeit gelingen. Die Ursache dafür liegt in der Ausnahmestellung dieses Fortbewegungsmittels: Wie bei keinem anderen Nutzfahrzeug greifen hier biologische und mechanische Funktionen ineinander. Physische Energie wird in Maschinenarbeit umgewandelt, und der «Biocomputer» Mensch wählt nicht nur minutiös den günstigsten Arbeitsbereich, er liefert auch das erforderliche überaus differenzierte Regelsystem, um das einspurige Vehikel in jeder Situation vor dem Umkippen zu bewahren. Die Kreiselkräfte, die ein einzelnes dahinrollendes Rad stabilisieren, genügen nämlich keineswegs, um ein Fahrrad aufrechtzuerhalten, auf dem ein Fahrer sitzt, der fünf- bis zehnmal so schwer ist wie das Rad selbst. Ein grosser Teil der Physik des Fahrrads ist im Grunde Physik des menschlichen Körpers. Vielleicht trägt das neben dem beachtlichen gesundheitlichen Wert des Zweirads und seiner Eigenschaft, dem Radler einen ganz spezifischen Zugang zu seinem Lebensraum zu erschliessen, mit dazu bei, dass wir das Fahrrad wohl als das «menschlichste» aller Verkehrsmittel empfinden. – Kein Wunder also, dass zu seinen begeisterten Freunden nicht wenige bedeutende Charaktere zählten und zählen: Napoleon III., Queen Victoria und ihr Premier Sir William Gladstone, Zar Nikolaus II., die niederländischen Monarchinnen Wilhelmine und ihre Tochter Juliana, Jimmy Carter, Emile Zola, Mark Twain, Leo Tolstoi, Sir Arthur Conan Doyle, Jean Paul Sartre und Sarah Bernhardt, Ludwig Ganghofer, Giuseppe Verdi, George Braque und Pablo Picasso, Marie Curie, Jesse Owens und Brigitte Bardot...

Mehr Schwierigkeiten als Vergnügen

Der Himmel mag wissen, wann und von wem das erste Zweirad gebaut wurde, so liesse sich angesichts der Tatsache kalauern, dass die erste bekannte historische Darstellung eines Radfahrers ausgerechnet einen splitternackten flügellosen Posaunenengel zeigt. Das Bild ist ausgesprochen mysteriös. Es zierte als achtfarbige Glasmalerei bis zum Zweiten Weltkrieg die englische Kirche St. Giles in Stoke Poges bei Windsor. Das allein wäre nicht ungewöhnlich, würde das Gotteshaus nicht aus dem Jahre 1642 stammen und damit rund hundert Jahre älter sein als die ersten den Technikhistorikern bekannten Zweiräder. Zwar drängt sich sofort die Vermutung auf, der himmlische Nackedei, der mit seinem an der Sonne angeleinten Gefährt durch die Wolken radelt, könne das Produkt eines späteren Künstlers und erst kurz vor 1800 in der Kirche eingesetzt worden sein, doch flankieren den Engel ein Fiedler und ein Pfeifenraucher, die beide nach der Mode zur Zeit Oliver Cromwells gekleidet sind. Und diesen trug man 1658 zu Grabe. Entweder hat der Glasmaler sein Werk also aus unerfindlichen Gründen künstlerisch um anderthalb Jahrhunderte zurückdatiert, oder es gab um 1642 wirklich schon jene Art Reiträder, deren frühesten Vertreter die Zweiradhistoriker erst aus der Mitte des 18. Jahrhunderts kennen – sofern der unbekannte Meister des mysteriösen Fensters von Stoke Poges nicht gerade hellsichtig war.

Sicher ist, dass um 1750 in der Nürnberger Gegend – und wahrscheinlich auch im schlesischen Raum – hölzerne Zweiräder mit einem sehr einfachen starren Rahmen gebaut wurden und dass sich einige derartige Gefährte noch bis mindestens 1928 im Germanischen Museum in Nürnberg befanden. Später sind sie auf rätselhafte Weise verschwunden, ohne die geringste Spur – etwa in Form von Fotos, Exponatlisten oder Ähnlichem – zu hinterlassen. Doch gibt es in der älteren Literatur Beschreibungen dieser ältesten bekannten Vorgänger des Fahrrads. So berichtete der schon zitierte Bonner Anatomieprofessor Schiefferdecker 1900: «...um das mechanisch zu bewegende Gefährt (gemeint sind vierrädrige Muskelkraftwagen) brauchbar zu machen, suchte man es vor allem zu erleichtern, und so verwandten die späteren Nürnberger Konstrukteure nur zwei Räder hintereinander und trieben eine solche Maschine nicht durch einen besonderen Mechanismus, sondern durch Abstossen mittels der Fussspitzen des Fahrers, welcher auf seinem zwischen den Rändern befindlichen Sattel sass. Es waren dies also ‹Laufmaschinen›, welche, wenn sie in rascher Bewegung sich befanden, dem Fahrer erlaubten, eine Strecke weit mit emporgezogenen Füssen ohne Kraftanstrengung weiter zu fahren. Man lernte hierbei, dass man auf einem derartigen Gefährt balancieren konnte, sobald es im Gange war. Eine Lenkvorrichtung war an diesen Maschinen nicht angebracht. Diesen Nürnberger Apparaten ist augenscheinlich auch das ‹Célérifère› nachgebildet worden. Bourlet behauptet merkwürdigerweise, dass Herr de Sivrac den ‹appareil vélocipédique› erfunden habe, da er der Urheber dieses Pferdes sei. Nach dem vorher über die Nürnberger

Maschinen Gesagten, dürfte sich diese Behauptung wohl nicht halten lassen.» Schiefferdeckers Bemerkungen bedürfen einiger Kommentare: Das zitierte Werk C. Bourlets ist ein Buch, das unter dem Titel «La bicyclette, sa construction et sa forme» 1899 in Paris erschien; und die ab 1791 von dem französischen Grafen J. H. de Sivrac gebauten sogenannten «Céleriféren» halten selbst heute noch zahlreiche Zweiradchronisten fälschlich für die ersten starren Laufräder. Das hat natürlich Gründe.

Während sich nämlich die Nürnberger Fahrmaschinen aus der Mitte des 18. Jahrhunderts nicht allgemein durchsetzten und auf wenige Exemplare beschränkt blieben, machten die Laufräder des französischen Grafen zumindest in Paris allgemein Furore. Das lag gewiss nicht nur daran, dass de Sivrac seine «Céleriféren» – wörtlich übersetzt seine «Schnellträger» – im Juni 1791 höchst werbewirksam in den Gärten des Pariser Palais Royal der Öffentlichkeit präsentierte; die Zeit war ganz einfach reif für derartige Spielzeuge für Erwachsene. Noch keineswegs als reguläre Fortbewegungsmittel zu gebrauchen, gaben die ausgerechnet von einem Grafen unter das Volk gebrachten Laufräder dem erst vor zwei Jahre zuvor in der blutigen Revolution zur Freiheit und Gleichheit, aber nicht gerade zur Brüderlichkeit emanzipierten französischen Bürger die Gelegenheit, bisherige Privilegien des Adels nachzuempfinden: sich zu verlustieren und auszureiten. Die Céleriféren wurden regelrecht zu einer Art Pferd des kleinen Mannes. Und sie liessen auch schon ein wenig von der späteren Freiheit und Unabhängigkeit des Radfahrers ahnen. Bezeichnenderweise zierte den technisch primitiven Rahmen vorne meist wie

Der Graf Sivrac «reitet» auf einer Célerifère aus, einem von ihm 1791 konstruierten lenklosen Laufrad.

eine Galionsfigur ein geschnitzter Pferdekopf. Doch gab es auch Löwen- oder etwa Schlangenmodelle.

Das ganze Gefährt bestand im Prinzip aus nichts anderem als zwei vertikalen Holzgabeln, zwischen denen in einer Spur hintereinander die beiden Räder gelagert waren, und einem horizontalen Querbalken, der die Gabeln miteinander verband und zugleich einen Sattel trug. Die vordere Gabel war über den Balken hinaus in die Höhe gezogen und bei einfacheren Modellen mit einem schlichten Griffknauf, bei Luxusausführungen mit dem erwähnten Tierkopf versehen. Der Radreiter sass auf diesem Gefährt und stiess sich mit weit ausladenden Schritten auf den Boden ab. Damit erreichte er immerhin Durchschnittsgeschwindigkeiten von 8 bis 9 Kilometern pro Stunde – sofern sich überhaupt geeignete Strassen für sein Fortkommen fanden. In Kurven zwingen liess sich das lenkungslose starre Gerät nur durch kräftige seitliche Faustschläge gegen den Tierkopf, und natürlich konnte man den allgegenwärtigen Schlaglöchern, Karren- und Wagenspurrillen und Kothaufen auf den Landstrassen damit praktisch nicht ausweichen. Das grösste Problem bestand aber darin, das Célérifère überhaupt in der Vertikalen zu

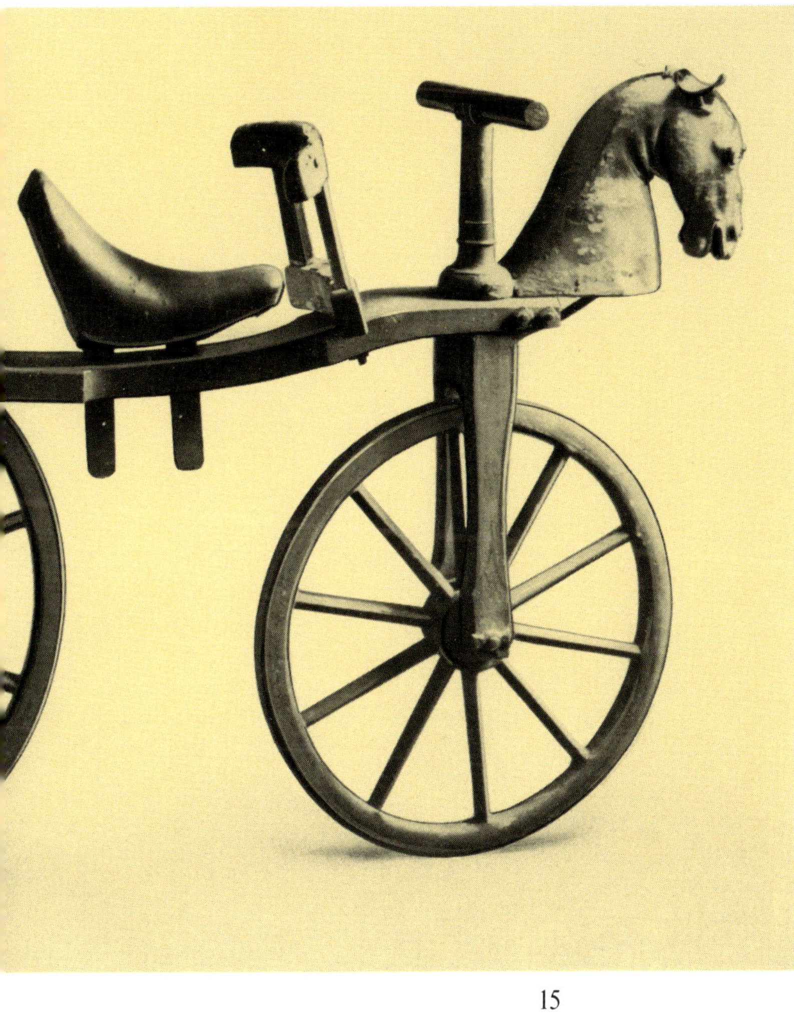

In Anlehnung an die alten Céleriferen entstanden in Frankreich später auch lenkbare Laufmaschinen mit Tierköpfen.

halten. Jeder Radfahrer weiss, dass er sein Gefährt in erster Linie durch ständige feine Ausgleichsbewegungen mit der Lenkung am Umkippen hindert. Gerade die Lenkung fehlte aber den gräflichen Reiträdern. Dass die nur mit artistischem Geschick zu benutzenden Célérifèren trotz ihrer verkehrstechnischen Nutzlosigkeit für rund ein Vierteljahrhundert einen festen Platz in der Pariser Gesellschaft eroberten, lag wohl allein in ihrem Prestigewert. Das «Spielzeug für grosse Kinder», wie sie von Kritikern genannt wurden, führte ihre Besitzer in Klubs zusammen und gab ihnen willkommenen Anlass für regelmässige Treffen im Pavillon Hanovre. Auf den Champs Elysées, der Rue Royale und im Cour de la Reine hielten die avancierten Bürger Célérifèren-Rennen ab, die nicht selten den Reiz burlesker Modeschauen vermittelten; burlesk deshalb, weil die zahlreichen Stürze in grosser Garderobe nicht einer eigenwilligen Komik entbehrten.

Diese «Merveilleuse» spielte eine Genrerolle im Lustspiel «Les Vélocifères», das lenklose Laufräder zum Inhalt hatte und 1804 in Paris aufgeführt wurde.

Wohl ihren Höhepunkt erlebte die Reitrad-Ära am 19. Mai 1804, im Jahre der Kaiserkrönung Napoleons, als im Pariser Théâtre du Vaudeville sogar eine Operette mit dem Titel «Les Céléfirères» aufgeführt wurde. Waren die Pariser Holzlaufräder – ebenso wie ihre Nürnberger Vorläufer – alles andere als Verkehrsmittel, so verkörperte sich in ihnen doch zum ersten Mal das Einspurprinzip. Zwar hatte es seit vielen Jahrhunderten nicht an Versuchen gefehlt, Muskelkraftfahrzeuge zu bauen, doch besassen diese stets drei oder vier Räder in zwei Spuren oder drei Spuren.

Die ersten derartigen Konstruktionen gab es schon in der Antike, und sie waren nicht gerade klein. So liess um 330 v. Chr. König Philipp von Mazedonien von seinem Militäringenieur Poseidonios mehrgeschossige fahrbare Helepolen bauen. Das waren riesige hölzerne Belagerungstürme auf Rädern, deren Radachsen durch grosse Laufräder bewegt wurden. Diese Antriebskonstruktion glich im Prinzip den bekannten hölzernen Bewegungstherapieeinrichtungen in Meerschweinchen- oder Goldhamsterkäfigen. Die wohl grösste muskelkraftbetriebene Kriegsmaschine schickte Alexander der Grosse – er war der Sohn König Philipps – gegen die phönizische Stadt Tyros. Mit 53 Metern Höhe überragte das zwanziggeschossige Monstrum die Stadtmauern bei weitem.

Auch die Helepolen waren aber vermutlich nicht die ersten Muskelkraftwagen, denn bereits 357 v. Chr. schenkte Dyonisos der Jüngere, Schillers durch Männerfreundschaft geläuterter Tyrann von Syrakus, dem Gott Apollo in Delphi als Weihegabe einen leichten Muskelkraftwagen, ein «automatisches Hemaxion, das in der Rennbahn herläuft». Es ist nicht überliefert, ob und wie sich der griechische Lichtgott und Musenführer dieses Fortbewegungsmittels bediente. Als Olympier hätte er aber wohl über die Kraft verfügt, die dem Menschen fehlte, um den Antrieb auf Altgriechenlands holprigen Wegen über längere Strekken in Gang zu halten. Ausserhalb eines Sportstadions liessen sich Muskelkraftwägelchen nämlich erst im Römischen Reich verwenden, das bekanntlich über ein hervorragendes, befestigtes Strassennetz verfügte. Eine Militärmacht ohne schnelle Heerstrassen ist nun einmal undenkbar.

Der bekannteste römische Muskelkraftwagen gehörte Kaiser Commodus, den seine Feinde 192 meuchelten. Vermutlich hätte diese Technik im alten Rom Zukunft gehabt, doch hatten die von den imperialistischen Cäsaren unterjochten Völker die Prinzipien der Macht zu gut kennengelernt. Als es ihnen mit germanischer Hilfe gelang, das Joch der Fremdherrschaft abzuschütteln, hatten sie nichts Eiligeres zu tun, als die römischen Heerstrassen und Feuertelegraphenlinien zu vernichten: Wo keine Infrastruktur ist, ist keine Staatsgewalt. Die Verwüstung des europäischen Strassennetzes stand indes nicht nur römischen Erneuerungsbestrebungen im Wege, sie vereitelte zugleich ungemein nachhaltig die Entwicklung jeglichen Leicht- oder Schnellverkehrs. Während des gesamten Mittelalters konnten ausserhalb der Städte kaum Pferdefuhrwerke vorankommen. Den miserablen Wegen waren allenfalls Ochsenkarren gewachsen. An muskelkraftbetriebene Wägelchen war überhaupt nicht zu denken.

Erst im 15. Jahrhundert tauchten wieder einige leichte Wagen mit Tret- oder Handan-

Triumphwagen von Johann Hautsch.

trieb auf: 1420 baute der italienische Philosoph und Mediziner Dottore Giovanni da Fontana einen selbstfahrenden Wagen, dessen Hinterräder er durch einen Seilzug-Trommelmechanismus bewegte.
Bekannt wurde ein Modell, das am 2. Januar 1447 in der Freien Reichsstadt Memmingen Aufsehen erregte. Die Stadtchronik berichtete: «Dem mitwoch nach dem Neüwen Jarsthag ging ein Rechter wagen zum Kalchtor herein bis auf den Marckt, und wider hinaus ohne Ross, Rindter und Leyet, er was wol verdeckht, vnd sass der meister So In gemacht darin.»
Etwas häufiger erschienen Muskelkraftwagen – von einfachen «Seifenkisten»-Konstruktionen bis hin zur prunkvollen Staatskarosse – im 17. Jahrhundert. 1649 und 1663 baute der Nürnberger Zirkelschmied Johann Hautsch zwei überreich mit kunstvollem Schnitzwerk verzierte «Triumphwagen» für Muskelkraftantrieb. Den ersten erwarb der schwedische Kronprinz als Attraktion für seinen Krönungszug; den zweiten hatte der Dänenkönig Friedrich III. geordert, vielleicht weil er dem Schweden dessen Besitz neidete.
Wohl die beiden einzigen Muskelkraftwagen der Geschichte, die weder als Spielerei noch als Prestige- und Prunkobjekte gedacht waren, baute um 1680 der querschnittgelähmte Uhrmacher Stephan Farfler oder Farffler aus Altdorf bei Nürnberg. Der fromme Mann fuhr mit ihnen zum Gottesdienst in die Kirche. Sein erstes Dreirad um 1680 und ein vierrädriges Modell um 1688 besassen eine Handkurbel, die über eine Zahnradübersetzung das Vorderrad antrieb.
Auch neben und nach Farfler gab es immer wieder Bastler, die sich mit dem Bau von

Um 1680 baute sich der querschnittgelähmte Uhrmacher Stephan Farfler (auch Farffler geschrieben) aus Altdorf bei Nürnberg einen dreirädrigen Muskelkraftwagen mit Handkurbelantrieb für den eigenen Gebrauch.

Tretwagen oder anderen Muskelkraftgefährten befassten. Ihre Machwerke, etwa das Münchner «Kutscherl» ohne Pferde» (1680 bis 1690) oder der vielfach gerühmte Wagen des französischen Arztes Elie Richard (um 1690) blieben aber durchweg reine Luxusgefährte. Nicht, dass es an technischen Einfällen gefehlt hätte, was wirklich fehlte, waren noch immer geeignete Strassen. Und das blieb so bis weit in das 19. Jahrhundert hinein. Bezeichnend fasste der Engländer William Hooper, der sich 1774 ein Tretwägelchen baute, diese zeitbedingte Situation zusammen: «Spazierenfahren in Gärten, Parks und sonstigem Gelände bedeutet eine gesunde Erholung, aber auf unebenen Wegen verursacht es mehr Schwierigkeiten als Vergnügen.»

Mit der Geschwindigkeit eines austrabenden Pferdes

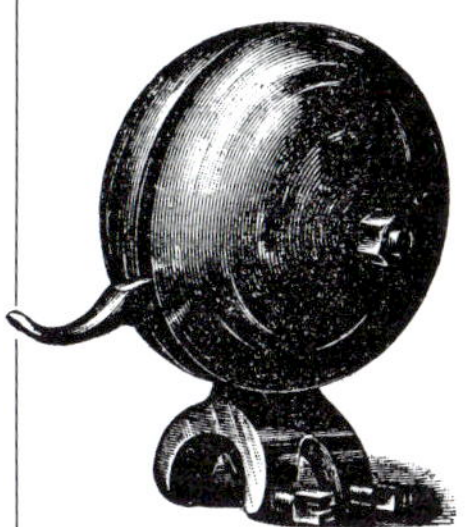

Misserfolge der Muskelkraftwagen hin, Unzulänglichkeiten der Célériféren her, der dem Menschen offenbar ureigene Wunsch, bei seiner Fortbewegung nicht die Füsse heben zu müssen, blieb. Einer der ersten, der die beachtliche Energieeinsparung klar beschrieb, die sich dadurch erreichen liess, dass man nicht mehr bei jedem Schritt den eigenen Körper gegen die Schwerkraft bewegt, sondern die ganze Muskelarbeit allein zur Fortbewegung benutzt, indem man in konstanter Höhe über einer Fahrbahn dahinrollt, war der Kammerjunker und Forstmeister des Grossherzogs von Baden, Carl Friedrich Freiherr von Drais; ein brillanter technischer Denker, ein verkanntes Genie und – im Alter – ein skurriles Original.

Drais, am 29. April 1785 als Sohn des angesehenen fürstlichen Hof- und Regierungsrates und späteren Oberhofgerichtspräsidenten Carl Wilhelm Friedrich Ludwig Baron von Drais und der Ernestine Christine Margareth, einer gebürtigen Baronin von Kaltenthal, in Karlsruhe geboren, genoss eine unbeschwerte Kindheit und eine hervorragende, umfassende Ausbildung. Er sollte Staatsbeamter werden und besuchte von 1800 bis 1803 die von seinem Onkel Friedrich Heinrich Georg Drais von Sauerbronn gegründete Forstakademie. Schon die angestrebte Laufbahn als Forstmeister sah sein Vater indes mit Argwohn. Er wünschte sich als einzigen männlichen Erben einen Juristen. Doch der junge Carl Friedrich verabscheute die trockenen Paragraphen, und so einigte man sich auf den «grünen Beruf». Dem wiederum galt auch nicht gerade die ganze Liebe des Studenten. Aber er hoffte, sich in der Stille seines

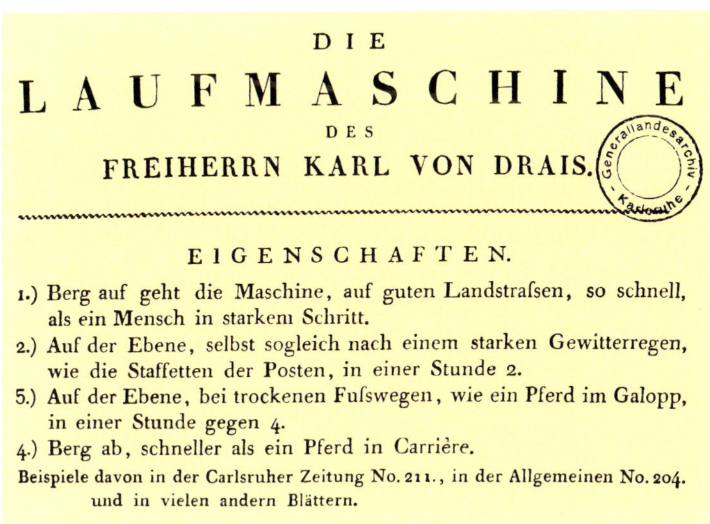

DIE

LAUFMASCHINE

DES

FREIHERRN KARL VON DRAIS.

EIGENSCHAFTEN.

1.) Berg auf geht die Maschine, auf guten Landstrafsen, so schnell, als ein Mensch in starkem Schritt.

2.) Auf der Ebene, selbst sogleich nach einem starken Gewitterregen, wie die Staffetten der Posten, in einer Stunde 2.

5.) Auf der Ebene, bei trockenen Fufswegen, wie ein Pferd im Galopp, in einer Stunde gegen 4.

4.) Berg ab, schneller als ein Pferd in Carrière.

Beispiele davon in der Carlsruher Zeitung No. 211., in der Allgemeinen No. 204. und in vielen andern Blättern.

Die Patentschrift des Freiherrn von Drais aus dem Jahre 1818 ist das älteste Dokument, das ein lenkbares Zweirad beschreibt.

späteren Amtes weitgehend seinen ureigensten Neigungen widmen zu können: der Naturwissenschaft und Technik. So studierte er nach 1803 schliesslich noch Mathematik, Physik, Baukunst und Landwirtschaft an der Universität Heidelberg. 1807 bestand er mit Auszeichnung das Forstexamen, wurde zum Kammerjunker ernannt und bekam das Amt eines Forstinspektors in Gengenbach übertragen.

Schon drei Jahre später avancierte der Protégé des Landesherren zum grossherzöglichen Badischen Forstmeister. Drais selbst empfand diese von vielen geneidete Karriere eher als lästig. Von Anfang an widmete er sich seinem Beruf kaum. Statt dessen erfand er eine Tastenschreibmaschine, die er «Schnellschreibclavier» nannte, eine Fleischhackmaschine, einen Doppelspiegel, mit dem sich um Ecken sehen liess, einen Tageslichtreflektor für dunkle Räume und eine neuartige, sehr effiziente Pulverschiessmaschine. Er entwickelte ein mathematisches Verfahren zur numerischen Auflösung von Gleichungen jeden Grades und schuf ein duales Rechensystem, das bis zu einem gewissen Grad die binäre Arbeitsweise der späteren Rechenmaschinen vorwegnahm.

Theoretische Überlegungen führten Drais zu dem Ergebnis, dass ein sich aus eigener Kraft fortbewegender Mensch bei gleicher Muskelleistung schneller fahren als gehen kann. Der Gedanke liess ihn nicht los, und so baute er 1813 seinen ersten Muskelkraftwagen. Wie all seine Vorgänger stellte er bald fest, dass das Projekt an den miserablen Strassenverhältnissen seiner Zeit scheiterte. Sand und Kies, Schlaglöcher und Schlamm schluckten mehr Antriebsenergie, als das Prinzip des Fahrens gegenüber dem des Gehens einsparte. Drais war der erste, der dennoch nicht aufgab. Und was die meisten seiner Zeitgenossen als starrköpfiges Festhalten an einem einmal gefassten Gedanken auslegten, erwies sich später als genialer Weitblick. Drais fand die Lösung des Strassenreibungsproblems in der einspurigen Muskelkraftmaschine: Zwei Räder haben den halben Reibungswiderstand wie vier, und – was noch weitaus wichtiger ist – mit einem einspurigen Gefährt lassen sich immer die besten Stellen der Fahrbahn nutzen. Folgerichtig konstruierte Drais 1816 das erste lenkbare Laufrad, das er zwei Jahre später zum Patent anmeldete. Die Patentschrift ist das älteste Dokument, das ein lenkbares Zweirad beschreibt.

In seinem Heimatland verspottet, wandte sich Drais, der von der grossen Bedeutung seiner Erfindung von Anfang an überzeugt war, bald an das seit eh und je gegenüber technischen Neuheiten aufgeschlossenere französische Publikum. Ausführlich beschrieb er das «Velociped», wie er sein Zweirad erstmals nannte, in einem französischen Verkaufsprospekt. Hier ist die – gekürzte – zeitgenössische Übersetzung:

«Beschaffenheit und Eigenschaften: Diese Erfindung ist aus dem einfachen Gedanken entstanden, einen auf zwei Rädern befestigten Sitz mittels der Füsse fortzubewegen. 1. Berg auf geht die Maschine, auf guten Landstrassen, so schnell, als ein Mensch in starkem Schritt. 2. Auf der Ebene, selbst sogleich nach einem starken Gewitterregen wie die Staffetten der Posten, in einer Stunde zwei. 3. Auf der Ebene, bei trockenen Fusswegen, wie ein Pferd im Galopp, in einer Stunde gegen vier. 4. Berg ab, schneller als ein Pferd in Carrière.

Zur Grundlage meiner Theorie bediene ich mich des sehr bekannten Mechanismus des Rades und wende dasselbe in einfachster Weise auf den Gang des Menschen an. Mit Bezug auf die Kraftersparniss kann man also diese Erfindung mit der (sehr alten) Erfindung der gewöhnlichen Wagen vergleichen. Gerade wie das Pferd vermittelst eines gut gebauten Wagens mit grösster Leichtigkeit sowohl des Wagens, als auch die darauf befindliche Last ziehen kann, obwohl es die Ladung allein auf dem Rükken nicht tragen könnte, so kann auch der Mensch mittelst des Velocipeds (dessen Gestell und Naben sehr leicht sind) seinen Körper leichter befördern, als wenn das ganze Gewicht auf den Füssen desselben ruht. Diese Tatsache ist umsomehr unbestreitbar, als man mit dem Velociped, welches nur in einer Spur läuft, fast immer die besseren Theile des Weges benutzen kann. Auf einem harten, festen Weg gleicht die Geschwindigkeit des Velocipeds ungefähr der eines geübten Schlittschuhläufers, wie denn beide Bewegungen im Princip dieselben sind.

Das Velociped läuft thatsächlich, während der Fahrer sich kurze Zeit ausruht, mit derselben Geschwindigkeit, als wenn die Füsse in der grössten Bewegung bleiben, und bergab schlägt es die besten Pferde um eine bedeutende Strecke, ohne dass man dabei häufigen Unglücksfällen ausgesetzt ist, weil man unabhängig von der Bremse, welche sich durch die Bewegung eines Fingers anwenden lässt, stets in der Lage ist, seine Maschine mittelst der Füsse anzuhalten.

Handhabung des Velocipeds: Nachdem man sich über dasselbe gestellt hat, die Elbogen nach aussen und den Körper etwas nach vorn gehalten, stütze man die Arme auf das Balancierbrett und versuche das Gleichgewicht zu halten, indem man leise auf das Brett nach der Seite drückt, auf welcher sich dasselbe zu heben beginnt. Die leicht bewegliche Lenkstange wird mit beiden Händen gehalten, und dient dazu, dem Velociped die Richtung ganz nach Wunsch angeben zu können, jedoch muss dies so geschehen, dass die Räder soviel wie möglich in einer geraden Linie laufen. Das Lenken ist nur mit den Händen auszuführen, weil die Arme bis zum Elbogen nur das Gleichgewicht zu halten haben, während die Hände die Richtung angeben. Man muss versuchen, sich ein richtiges Gefühl für die Schwankungen des Velocipeds anzueignen. Alsdann stelle man die Füsse leicht auf den Boden, und mache in der Richtung der nach vorn laufenden Räder grosse Schritte. Im Anfang mache man langsame Schritte. Erst nachdem man die vollkommene Fertigkeit im Halten des Gleichgewichts und im Lenken des Velocipeds erreicht hat, darf man versuchen, die Bewegung der Füsse zu vergrössern, und dieselben häufig in der Luft zu halten (während die Maschine mit grosser Geschwindigkeit rollt), um sich ausruhen zu können.

Bemerkungen: Soweit ich konnte habe ich alles vorgesehen, sowohl mit Rücksicht auf Dauerhaftigkeit und Leichtigkeit, als auf Eleganz.

Was Bequemlichkeit betrifft, so suche ich soviel wie möglich den Wünschen der Amateure entgegen zu kommen. Auf Wunsch von Auftraggebern lasse ich, abgesehen von dem einfachen Velociped, welches hierin beschrieben wird, anfertigen: a) dieselbe Maschine, versehen mit einer Schrauben-Einrichtung, um den Sitz um mehrere Zoll höher oder niedriger zu stellen, je nach Grösse der Personen, die sie benutzen; b) eine andere Maschine mit zwei hintereinander befindlichen Sitzen, und mit derselben Schrauben-Einrichtung, wodurch zwei Personen, welche das Gleichgewicht zu halten gut gelernt haben, im Stande sind, sich abwechselnd auszuruhen; c) schliesslich 3- oder 4rädrige Velocipeden mit einem gewöhnlichen, bequemen Sitz zwischen den Vorderrädern und einem anderen hinter dem ersten und zwar so eingerichtet, dass ein Pferd vorgespannt werden kann; obwohl diese letzte Gattung weder so bequem noch so praktisch als die erste ist, so vereinigt sie sich in den dreifachen Vortheil, dass man erstens beim Fahren auf öffentlichen Plätzen und Promenaden Damen mitnehmen kann, wie bei

Einer der Jäger des Freiherrn von Drais führte am 5. April 1818 im Pariser Jardin de Luxembourg die Reitmaschine vor. Weil der junge Mann wenig Übung hatte, schlug die Demonstration zur Enttäuschung der Veranstalter fehl.

IVLES DVVAVX

COMTE

Schlittenfahrten, dass man in keiner Weise von dem Staub der Pferde belästigt wird, und drittens, dass man unter freiem Himmel die schönste Aussicht auf die ganze Umgebung geniessen kann.
Die Ausschmückung und Ausstattung der Velocipeden als: Sonnen- oder Regenschirm, eine Art Segel, um einen günstigen Wind auszunutzen, Lampen, Vergoldung und andere beliebige Verzierung hängt von dem Geschmack und den besonderen Wünschen eines jeden Amateurs ab.
Ich hoffe, dass jeder Kunstfreund bereit sein wird, sich durch eine unparteiische Untersuchung von der Wahrheit des Gesagten zu überzeugen und sich mir anschliessen wird, um zum Wohle der Menschheit zu einem praktischen Förderungsmittel zu gelangen.

Freiherr Charles von Drais
Forstmeister S. Kgl. H. des Grossherzogs von Baden,

Mitglied mehrerer literarischer Gesellschaften.»

Neben den in dieser Werbeschrift offerierten «Extras» bot Drais schon 1817 weiteres Zubehör an: Gepäckträger, zwei Stützen zum Abstellen des Rades, Fussrasten, die er «Erholungseinrichtung» nannte, und eine Seilzugbremse oder «Schleifsperre».
Drais hoffte auf das grosse Geschäft. Aber nicht nur seine technischen Ideen eilten seiner Zeit voraus, auch seine Werbe- und Verkaufsmethoden erinnern eher an weitaus spätere Praktiken und stiessen bei seinen Zeitgenossen auf Verständnislosigkeit. So offerierte er Probefahrten, wies auf den Freizeit- und Gesundheitswert seiner Laufmaschinen hin, suchte in hochgestellten Persönlichkeiten gezielt – aber vergeblich – Werbeträger und veranstaltete öffentliche Fahrten. Am 1. August 1817 gelang es ihm, «in einer kleinen Stunde» von Mannheim bis zum Schwetzinger Rathaus zu fahren, also eine Strecke zurückzulegen, die üblicherweise als «vier Poststunden wegs» galt. Nur die Presse spendete Beifall. So berichtete die Karlsruher Zeitung: «Die Laufmaschine von Drais ist eine der wichtigsten Erfindungen auf dem Gebiet der mechanischen Wissenschaft, über deren Brauchbarkeit beinahe ganz Teutschland in diesem Augenblick zu Gericht sitzt.» Doch die Kritiker, Neider und sogar offene Feinde waren – zumindest in Deutschland – in der Überzahl. Sie verrissen die Erfindung in billigen und beissenden Spottiraden und gehässigen Karikaturen. Zugleich traten auch die Ärzte auf den Plan, die schreckliche Folgen des Laufradfahrens ausmalten: Muskelentzündungen und -risse und sonstige schwere Verletzungen.
Besonders von den stets technikfeindlichen Mannheimern verhöhnt – gegen Ende des 19. Jahrhunderts überhäufen sie einen der Erfinder des Automobils, Carl Benz, mit gleicher bitterer Ironie –, wandte sich Drais mit neuen Hoffnungen nach Frankreich. Doch auch dort musste er zunächst eine schwere Schlappe hinnehmen. Eine gross angelegte Demonstration der Draisine, wie das Draissche Laufrad jetzt allgemein hiess, schlug fehl. Nicht der Erfinder selbst, sondern einer seiner Jäger führte am 5. April 1818 die Reitmaschine im Pariser Jardin du Luxembourg vor. Doch der junge Mann hatte keinerlei Erfahrung im Umgang mit dem Rad. So sehr er sich auch mühte, er vermochte nicht einmal so schnell zu fahren, wie die ihn johlend umringenden Kinder liefen. Er erntete Spott, und die Pariser Veranstalter waren bitter enttäuscht. Wochen später breitete sich dann aber doch noch eine Welle der Begeisterung in Frankreich aus. Drais fand Käufer für sein Laufrad. Und das nicht nur im westlichen Nachbarstaat. Auch in Deutschland erwarben jetzt zahlreiche hochgestellte Persönlichkeiten und sogar öffentliche Institutionen seine Räder, die inzwischen Patente in Baden, Bayern, Preussen, Frankreich und England schützten. Drais vergab

In Wien bauten 1818 Baron von Burg und sein Sohn Draisinen.

Lizenzen an Draisinen-Bauer im In- und Ausland und legitimierte die genehmigten Nachbauten mit silbernen Wappenmarken, die am Lenkhebel eines jeden Rades angebracht werden mussten. Vielleicht waren das die Vorgänger der noch heute bei Fahrrädern üblichen Steuerkopfschilder.
Doch der lebhafte kommerzielle Aufwand wich nur allzu schnell einer allgemeinen Flaute. In Baden, wo Drais eine eigene Fertigung aufbauen wollte, brachten ihn gerissene Makler und Baustofflieferanten um sein gesamtes Startkapital. Im stimmungsabhängigen Frankreich verebbte die Draisinen-Begeisterung wie eine vorübergehende Modeerscheinung bald wieder, und in England fielen gleichzeitig die beiden grössten Kunden aus: Das Londoner «Velodrom», in dem täglich Draisinen-Ausstellungen und Wettfahrten stattgefunden hatten, wurde von den Behörden als gefährlich geschlossen, und die britische Post, deren Eilboten Draisinen fuhren, durften auf Anweisung des Rechnungshofes keine Laufräder mehr anschaffen. Der Schuhsohlenverschleiss der Boten war zu gross.
Die akute finanzielle Schwäche des Laufradbarons erkannten sofort geschäftstüchtige Opportunisten. Sie wussten, dass Drais die Mittel fehlten, sich gegen Patentverletzungen zur Wehr zu setzen. Allenthalben entstanden illegale Nachbauwerkstätten. Der sensible Erfinder wurde nervös und reagierte kopflos. Dem psychischen Druck versuchte er 1825 durch eine Beteiligung an

Original-Draisine um 1820, die seit 145 Jahren in den Fürstlich Fürstenbergischen Sammlungen in Donaueschingen steht.

Um 1820 fertigte der Münchner Mechaniker Semmler Draisinen teilweise aus Eisen.

einer vierjährigen Forschungsreise nach Brasilien zu entfliehen. Danach beschäftigte er sich mit einer Vielzahl technischer Konstruktionen, die ihm allesamt keinen Gewinn brachten, dafür aber sein restliches Vermögen völlig aufzehrten. Seiner Ämter enthoben, verspottet, verleumdet und von Amts wegen als «geistesverwirrt» erklärt, starb Drais am 10. Dezember 1851 völlig verarmt bei Kostgebersleuten in Karlsruhe. Die Draisine lebte weiter. Ihre Beliebtheit nahm ständig zu. Zeitungsberichte wie dieser beweisen es: «Unter die nützlichsten Erfindungen der neueren Zeit gehört unstreitig die vom Forstmeister Frhrn. Karl v. Drais zu Mannheim erfundene Maschine, womit eine Person, balancirend auf einem Reitsitze zwischen zwei hinter einander laufenden Rädern, welche, wie beim Schlittschuhfahren vermittelst der Füsse auf dem Erdboden fortgestossen werden, mit der Geschwindigkeit eines austrabenden Pferdes von einem Orte zum anderen reisen kann.

Diese Erfindung, welche in der Mannheimer Gegend durch dargelegte Proben sich bewährt, und daselbst nicht wenig Aufse-

Freiherr von Drais.

hen erregt hatte, wurde auch in Dresden mit aller Aufmerksamkeit beachtet, und Mehrere verfertigten ähnliche Maschinen, und machten zum Teil damit Reisen von mehreren Stunden.
Insonderheit aber fand sich, dass die Fahrmaschine des Wagners Schwalbach in der Pirnaischen Vorstadt auf der Neuengasse Nr. 246, vorzüglich gut gerathen war.

Semmler bekannt, der regelmässig mit Wettfahrten für seine Qualitätsprodukte warb.
Wie schnell das Draisrad einen festen Platz zumindest als städtisches Verkehrsmittel errang, belegen die schon um 1818 erlassenen ersten Polizeiverordnungen, die in manchen Grossstädten Europas ein totales Radfahrverbot verhängten. In Wien und

«Hobby-Horses» nannte der Engländer Denis Johnson 1819 seine Draisinen. Als «Hobby-Horse-Händler» umschrieb der Karikaturist diese Illustration in Anlehnung an die Eindrücke von einem Pferdemarkt.

Er machte damit in der Nähe der Stadt und nach entferntern Gegenden, als Tharand, Pirna, Zehist, Bühle usw. hin, mehrere Proben, und fuhr damit auf ebenen Chausseen schneller, als die trabenden Rosse der vorüberfahrenden Equipagen, welche er vor den Augen vieler Zuschauer alsbald überholte... Eine der gleichen Maschinen kostete übrigens gehörig dekoriert, bei dem Wagner Schwalbach in Dresden nicht mehr als 15 bis 22 Thaler, auch liefert Herr Mechanikus Bertoldi ähnliche Kunstprodukte um billige Preise.» In München wurden besonders die Reiträder des Mechanikus

In den USA setzten sich die Laufmaschinen nicht durch. Das einzige bekanntgewordene Hobby-Horse steht in der Sammlung der Smithsonian Institution in Washington.

bald auch in anderen Metropolen etablierten sich die ersten Radfahrschulen, deren Ziel es nicht nur war, die Benutzung der Draisine zu erlernen, sondern verantwor-

Die charakteristische Parallelogrammlenkung spricht dafür, dass dieses sogenannte Kassler-Rad (heute im Deutschen Museum München) aus Frankreich stammt. Es brachte einst viel Verwirrung in die Geschichte der Laufräder.

tungsbewusste Verkehrsteilnehmer zu erziehlen. Bald kamen auch schon erste Laufräder mit Sicherheitsvorrichtungen – etwa Brust- und Bauchpolstern oder Umfallverhinderungszubehör – auf den Markt. Überall in Europa boten zahlreiche Hersteller eine Vielzahl unterschiedlicher Draisinen-Modelle an. Manche davon verkauften ihre Maschinen zu Hunderten. Laufräder mit eiserner Lenkstange, mit Eisenbandrahmen, eisenbereiften Speichenrädern und sogar Damenmodelle mit tief herabgezogenem Rahmenmittelteil kamen auf die Strassen. Besonders begehrt waren bald die englischen «Hobby-Horses» oder «Dandy-Horses». Nur in den USA wollte sich niemand des neuen Verkehrsmittels bedienen, obwohl auch dort 1819 ein Mechaniker namens Clarkson ein Velo-Patent anmeldete.

Von der Schleifsteinkurbel zum Hochrad

Warum kompliziert, wenn es auch einfach geht? Mit diesem Gedanken begegnete Drais im Prinzip jedem, der ihn fragte, warum er sein Zweirad nicht mit einem Hebel- oder Kurbelantrieb ausstatte. Bekannt waren solche Antriebe von Muskelkraftwagen schliesslich seit Jahrhunderten. Fast immer handelte es sich dabei um handbetätigte Mechanismen, und auch der Badische Forstmeister hatte 1813 bei einem selbstfahrenden Wagen einen derartigen Antrieb erprobt. Seine Erfahrungen waren so negativ, dass er für sein Zweirad nur noch das direkte Abstossen von der Erde in Betracht zog. «In den Beinen», argumentierte er, «wohnt mehr Kraft als in den Armen.»

Was Drais entschieden zurückwies, versuchten andere. Erfolg war ihnen lange Zeit nicht beschieden. Eine der originellsten Lösungen fand 1821 der Engländer Lewis Compertz (oder Gompertz), der die ganze Lenkstange als eine Art Pumphebelgriff gestaltete, mit dem der Fahrer über ein Zahnradsegment das Vorderrad antrieb. Zugleich liess sich das Gefährt aber auch noch als Laufrad benutzen. Doch derartige Konstruktionen galten als exzentrische

Der Engländer Lewis Compertz gestaltete 1821 die Lenkstange als eine Art Pumphebelgriff, mit dem der Fahrer über ein Zahnradsegment das Vorderrad antrieb.

Spielereien. Im grossen und ganzen glaubte jahrzehntelang niemand ernsthaft, den Laufantrieb der Draisine durch irgendeine technische Konstruktion ersetzen oder gar verbessern zu können. Dieser allgemein verbreiteten Meinung tat auch ein Zweirad mit Hinterradantrieb keinen Abbruch, das 1839 der schottische Schmied Kirkpatrick

Bei Kirkpatrick Macmillans Konstruktion übersetzte erstmals eine Mechanik bei einem Fahrer die Kraft der Beine.

Der deutsche Instrumentenbauer Philipp Moritz Fischer aus Oberndorf bei Schweinfurt versah erstmals ein hölzernes Laufrad mit Tretkurbeln an der Vorderachse (1853).

Macmillan für seinen eigenen Gebrauch baute. Seine Mechanik nutzte erstmals bei einem Fahrer die Kraft der Beine: Trethebel am vorderen Rahmenteil wirkten auf ein Gestänge, das wiederum eine Kurbel an der Achse des Hinterrads drehte. Dieses erste hinterradgetriebene Zweirad der Welt bewährte sich zwar hervorragend, wurde aber kaum über die schottische Grafschaftshauptstadt Dumfries hinaus bekannt. So kam es nur regional zu einigen privaten Nachbauten. Kaum grössere Verbreitung fand eine Erfindung des deutschen Instrumentenbauers Philipp Moritz Fischer aus Oberndorf bei Schweinfurt. Er versah erstmals ein hölzernes Laufrad mit Tretkurbeln an der Vorderachse und besuchte mit diesem Gefährt seine Kunden.

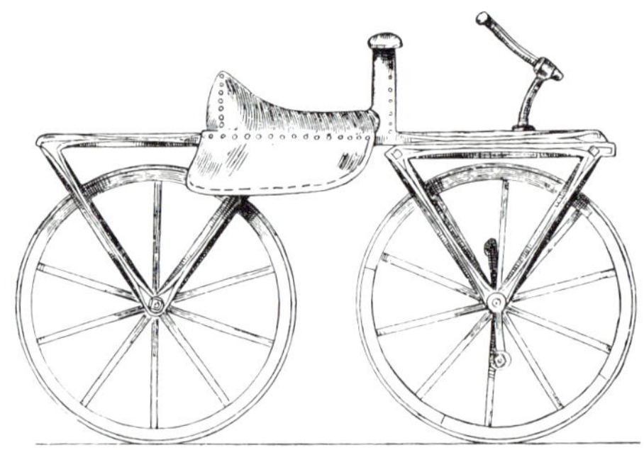

Im Deutschen Museum in München steht diese Draisine mit Tretkurbelantrieb. Sie hatte einst dem Oberbergrat Professor Baader gehört. Siebenundzwanzig Jahre nach seinem Tod, 1862, liess der Münchner Büro-Offiziant Karl Kech den Antrieb montieren.

Berühmt wurde er mit der Konstruktion zwar nicht, doch begründete sein Sohn später die Stahlkugel- und Kugellagerindustrie und trug damit seinerseits erheblich zur Verbesserung des Fahrrads bei.
Moritz Fischer war nicht der einzige, der auf den Gedanken der Tretkurbel an der vorderen Radachse verfiel. Unabhängig von ihm liess 1862 in München der Büro-Offiziant des königlichen Oberhofmeisterstabes Karl Kech (oder Keck) eine alte Draisine mit einem derartigen Antrieb ausstatten. Auch sein Rad blieb ein Unikat.
Mehr Glück hatte der Pariser Wagenbauer Pierre Michaux. Als er 1861 die alte Draisine eines Pariser Hutfabrikanten reparierte und sein neunzehnjähriger Sohn Ernest die Probefahrten damit beschwerlich fand,

schlug der gelernte Stellmacher vor, am Vorderrad «Tretkurbeln wie bei einem Schleifstein» anzubringen. Sein technisch begabter Sohn führte die Idee nach Skizzen des Vaters praktisch aus. Das Ergebnis begeisterte beide auf Anhieb so, dass Pierre Michaux den Plan fasste, derartige Räder in Serie zu fertigen.

Zwei Jahre nach diesem Ereignis stellte der Schmied und Karosseriebauer Pierre Lallement aus Pont-à-Mousson auf dem Pariser Boulevard Saint-Martin ein hölzernes Laufrad mit gleichartigem Antrieb vor. Er behauptete später, schon 1860 eine einspurige Draisine mit Vorderradtretkurbeln gebaut zu haben. Ihr Leben lang stritten Lallement und Michaux um die Priorität des Gedankens, und Lallement behauptete später sogar, der Pariser Stellmacher hätte die Idee von ihm übernommen.

Fest steht, dass Lallement und Michaux einander 1863 kennenlernten und dass Lallement Michaux' Mitarbeiter wurde. Gemeinsam bauten sie eine Zweiradfabrik auf, aus der Lallement allerdings schon ein Jahr später wieder ausschied, um in Amerika auf eigene Faust – leider erfolglos – sein Glück zu versuchen.

Fest steht auch, dass vor den beiden Franzosen mit Sicherheit Moritz Fischer ein Tretkurbelrad gebaut hatte und dass später von einer Reihe anderer Konstrukteure – unter ihnen die Thüringer Gottlieb Mylius und sein Sohn Heinrich, ein unbekannter Italiener und ein russischer Schmied namens Artamonow – das gleiche behauptet wurde. Ausser dem Fischer-Rad lässt sich aber bei keinem dieser Modelle sein angeblich hohes Alter nachweisen. Sehr wahrscheinlich sind es samt und sonders spätere Plagiate, oder es handelt sich einfach um Geschichtsirrtümer.

Wer immer das Zweirad mit Vorderradtretkurbel erfunden haben mag, nur einem einzigen Mann gelang es, dieses Gefährt in grossem Stil zu produzieren und zu vermarkten: Pierre Michaux. Baute er 1861 die

Pierre Lallement begründete die Fahrradindustrie in Amerika. Die Abbildung zeigt ihn 1866 in New Haven, Connecticut.

beiden ersten Ausfallmuster, so stellte er zwischen 1862 und 1864 schon 142 «Michaulinen» her, und 1865 verliessen 400 Fahrräder sein Werk. Der Markt hätte noch weit mehr aufnehmen können.

Die Entwicklung lief auf einen regelrechten Fahrrad-Boom zu. Allenthalben in Frankreich entstanden Clubs, eigene Fahrradzeitschriften kamen heraus, und 1869 sorgte das erste Langstreckenrennen für weitere Popularität.

Zusammen mit den finanzstarken Gebrüdern Olivier gründete Michaux eine neue Firma, die «Compagnie Parisienne Ancienne Maison Michaux & Comp.». An allererstem Platze, unweit des Arc de Triomphe, errichteten die Fahrradindustriellen Werkhallen mit einer Tageskapazität von 200 Michaulinen.

Zu dieser Zeit hatte sich das Aussehen der Zweiräder schon beachtlich geändert. Bestanden die ersten Michaux-Räder noch fast ausschliesslich aus Holz, mit waagrechtem, wenig geschwungenem Rahmen, ohne Bremsen und ohne jegliche Federung, so stellte die neue Fabrik hochwertige Ma-

Das angeblich schon 1855 gebaute hölzerne Tretkurbelrad im Museo Nazionale della Scienza e della Tecnica Leonardo da Vinci in Mailand ist wahrscheinlich eine alte Lallement-Maschine aus der Zeit um 1864.

schinen aus Schmiedeeisen her, deren hintere Rahmenpartie hochgezogen war und direkt in die Hinterradgabel überging. Die Radfelgen waren zwar noch aus Holz gefertigt, aber mit aufgeschrumpften Eisenlaufreifen haltbarer gemacht. Das Hinterrad war kleiner gehalten als bei früheren Modellen, und bei Herrenrädern war das Vorderrad wahlweise in drei Grössen lieferbar: mit 80, 90 und 100 Zentimetern Durchmesser. Die Tretkurbellänge liess sich verstellen und damit der Beinlänge des Fahrers anpassen. Der ledergepolsterte Sattel ruhte auf einer langen Blattfeder. Zwei starre Beinauflagen übernahmen die Funktion eines einfachen «Freilaufs». Und eine seilzugbetätigte Klotzbremse verlieh dem Rad eine gewisse Sicherheit.

Die Presse war begeistert; nicht nur von den Michaulinen, die trotz einer rasch wachsenden Zahl von Konkurrenzfabrikaten praktisch den französischen Markt beherrschten, sondern von der Entwicklung des Fahrrades generell. «O Vélocipède, chameau de l'Occident!» (O Fahrrad, Ka-

Michaux-Vélocipède von 1867 mit Rosetten-Pedalen.

mel des Abendlandes!»), formulierte die Pariser Zeitung «Le Parlement» enthusiastisch. Indes war beileibe nicht alles an dem neuen Verkehrs- und Sportgerät eitel Freude. Der Kurveneinschlag liess – des Vorderradantriebs wegen – zu wünschen übrig. Mit rund 40 Kilogramm Masse waren die Vehikel alles andere als leicht. Und ihr Tempo lag mit rund 12 km/h kaum über dem eines gut trainierten Dauerläufers. Hier zeichnete sich zunächst auch keine Aussicht auf wesentliche Verbesserungen ab; denn weil der Antrieb keine Übersetzungen kannte, legte der Radfahrer je Umdrehung der Tretkurbel maximal eine Strecke von der Länge des Vorderradumfanges zurück. Bei dem kleinsten Michaux-Herrenrad waren das 2,51 Meter, beim grössten 3,14 Meter. Ein modernes Tourenrad unserer Tage bewältigt dank der Kettenübersetzung etwa das Dreifache.

Der wohl entscheidende Nachteil der Michaulinen lag aber gar nicht in der Technik dieser Maschinen selbst, sondern in ihrer monopolartigen Verbreitung: In ihrem Schatten konnten sich keine konkurrierenden Fahrraderfindungen entwickeln, an denen es im Prinzip nicht gefehlt hätte. Schon 1869 wimmelte es auf einer internationalen Vélocipède-Ausstellung in Paris von interessanten Konstruktionen. Es gab leichte Ganzmetallmaschinen, Rohrramen, Eisenfelgen mit Drahtspeichen und Vollgummireifen, Vorderradbremsen und Vorderradfederung, Kotflügel, Freilauf, Geschwindigkeitswechselgetriebe mit zwei und vier Gängen, Kugellager und Räder mit vergrössertem Antriebsrad. Sogar das Urbild des modernen Fahrrads geht schon auf das Jahr 1869 zurück: das Guilmet-Meyer-Rad, dessen Tretkurbel unter der Rahmenmitte lag und über eine endlose Antriebskette auf die Hinterachse wirkte.

Napoleon III. überwacht die Michaulinen-Fahrversuche seines Sohnes 1867 in den Tuilerien.

Wegen der grossen Nachfrage nach den Michaulinen im Herstellerland Frankreich war an Exporte nicht zu denken. Das wiederum hatte zur Folge, dass die Fahrräder ausserhalb Frankreichs zunächst kaum bekannt wurden. Deshalb fehlte es hier auch

Das Büssing-Veloziped war das erfolgreichste deutsche Serienprodukt vor dem Deutsch-Französischen Krieg von 1870/71.

an Nachfrage, und das motivierte kaum jemanden dazu, Zweiräder überhaupt herzustellen. Erst acht Jahre nach Michaux' erster Firmengründung in Paris eröffnete 1869 in Braunschweig der sechsundzwanzigjährige Heinrich Büssing ein Fahrradwerk. Nach seinen eigenen Worten hatte er von den französischen Zweirädern erst ein Jahr zuvor das erstemal gehört. Büssings «Erste Deutsche Vélocipède-Fabrik» florierte sofort, existierte aber nur knapp zwei Jahre. Der Deutsch-Französische Krieg von 1870/71 bescherte ihr den abrupten Untergang.

In den Ruin stürzte der Krieg auch die bestens etablierte französische Velo-Industrie. Der totale wirtschaftliche Zusammenbruch vernichtete aber nicht nur die Michaux-Werke und ihre einheimischen Konkurrenten, er konfrontierte auch ein britisches Unternehmen vorübergehend mit existentiellen Sorgen. 1868 hatte der englische Student Rowley B. Turner das neueste Michaux-Modell aus Paris nach Coventry mitgebracht. Josiah Turner, der Onkel des jungen Mannes, war damals Mitinhaber und Direktor der «Coventry Sewing Machine Company», deren Nähmaschinenproduktion gerade ausgesprochen stagnierte. Begeistert nahm er die Anregung seines Neffen auf, Michaulinen für den Export nach Frankreich zu produzieren. Die Nähmaschinenfabrik stellte sofort ihre Fertigung auf Fahrräder um und nannte sich jetzt «Coventry Machines Company». Doch die Hoffnung auf den Export nach Frankreich wurde rasch enttäuscht. Das durch den Krieg ruinierte Land war kein geeigneter Abnehmer mehr. Dafür zeigte sich aber bald, dass die in Coventry produzierten Räder auch auf den Britischen Inseln selbst reissenden Absatz fanden.

Zu den Mitbegründern der Fabrik hatte James Starley gehört, ein Bauernsohn und genialer technischer Autodidakt. Seiner Gewohnheit entsprechend, nahm er das neue Produkt der Gesellschaft zunächst einmal sorgfältig unter die Lupe und konstruierte es von Grund auf um. 1870 meldete er zusammen mit seinem Mitarbeiter William Hunter ein in fast allen Details neu erarbeitetes Fahrradmodell zum Patent an, trat aus der Coventry Machines Company aus und begründete eine neue Fahrradfabrik. Seine epochale Maschine nannte er «Ariel». Gegenüber den auf harten Stahlreifen dahinratternden und deshalb von den Briten verächtlich «Boneshakers» («Knochenschüttler») genannten französichen Fahrrädern zeichnete sich die Ariel-Maschine durch solide Vollgummireifen aus. Daneben wartete sie mit einem neuartigen Bremssystem, auf Zug belasteten und deshalb spannbaren Stahldrahtspeichen und anderen wesentlichen Verbesserungen auf. Besonders überzeugte ihre höhere Geschwindigkeit, denn das 50 Zoll (etwa 125 Zentimeter)

Nur 21 kg schwer und sehr elegant ist dieses englische Hochrad von 1882. Die konstruktiven Details: Stahlrohrrahmen, hohle Profilgabel, Radialspeichen, Vollgummireifen, Löffelbremse, gummigelagerte Sattelfeder und die Sturmlaterne

Nach dem Vorbild der Michaulinen bauten englische Hersteller wie K. W. Hedges um 1869 ihre «Boneshakers».

grosse Vorderrad legte bei einer Tretkurbelumdrehung einen 8,7 Prozent längeren Weg zurück als die 1870 grösste Michauline mit einem Antriebsrad von 115 Zentimetern Durchmesser. Es mag auf den ersten Blick befremdend wirken, dass die französischen Hersteller nicht auch schon grössere Vorderräder gebaut haben, denn der Zusam-

Die Haarnadel-Drahtspeichen des Ariel-Rades von James Starley und William Hillman liessen sich durch Verdrehen der Nabe zentral spannen.

Ein Pickering-Veloziped 1869 in Amerika.

1869 war ein grosses Jahr in der Geschichte des Fahrrades. Es brachte viele neue Modelle, wie das Phantom-Bicycle von W. F. Reynolds und J. A. Mays in England.

menhang zwischen Raddurchmesser und erzielbarer Geschwindigkeit lag schliesslich auf der Hand. Ein konstruktives Problem bestand jedoch darin, dass sich mit den bisher generell verwendeten Druckspeichen leichte Räder nicht einfach vergrössern liessen. Bruch drohte. Starleys Ariel aber besass erstmals tangential an der Nabe ansetzende Zugspeichen, die er sich 1874 durch ein Patent schützen liess. Als technischer Denker war er sich der Bedeutung seiner Erfindung bewusst.

Das breite Publikum reagierte zunächst mit grosser Skepsis auf die so fragil erscheinenden dünnen Drähte. Mit theoretisch-physikalischen Argumenten konnte es Starley nicht überzeugen. Er versuchte es mit einem riesigen Gag. – Riesig ist dabei wörtlich zu verstehen; denn Starley baute ein gigantisches Velo von sieben Fuss (rund 2,30 Meter) Vorderrad-Durchmesser mit den neuartigen Speichen. In aller Stille lernten seine Söhne William und John das monströse Gefährt beherrschen. Natürlich reichten ihre Beine nicht bis zu einer Tretkurbel an der Nabe, weshalb ihr Vater den Pedalmechanismus höher legte und über ein Hebelsystem mit der Radachse verband. Hatte sich für die serienmässigen Räder aus Starleys Fabrik wegen ihrer weiten

Zu Beginn der zweiten Hälfte des letzten Jahrhunderts ergötzten sich die Zuschauer in Paris an Frauenrennen mit Hochrädern.

Ähnlich Starleys riesigem «Xtraordinary» baute auch der Franzose Victor Renard ein übergrosses Hochrad mit 2,5 m Raddurchmesser. 1878 führte es Jules Terront in Paris vor.

Verbreitung auf dem britischen Markt die Bezeichnung «Ordinary-Bicycles» («Standard-Fahrräder») eingebürgert, so stellte der findige Konstrukteur sein Werberiesenrad als «Xtraordinary» («aussergewöhnlich») vor.

Das Vertrauen in die Tangentialspeichen war sofort gewonnen. Daneben aber stellte sich ein Effekt ein, mit dem Starley selbst nicht gerechnet hatte. Jeder britische Dandy, der etwas auf sich hielt, wollte ein derart ausgefallenes und zugleich rasantes Sportgerät besitzen. Als Statussymbol kam es durchaus einem der späteren superschnellen und extravaganten Sportwagen gleich. In technischer Perfektion legte Starleys Firma deshalb eine ganze Serie dieser halsbrecherischen Riesenräder auf.

Dass von den an sich grundsolide gebauten Hochrädern Starleys und bald auch zahl-

Der Flosskontrolleur Gottlieb Mylius und sein Sohn Heinrich bauten dieses Tretkurbelrad, das im Heimatmuseum von Themar (Kreis Hildburghausen) steht.

Ausfahrt in Readville, Massachussetts, September 1879. Der Zweite von links ist Albert Pope, Hersteller der Columbia-Bicycles.

John Hobby's Einrad von 1870 bestand lediglich aus dem Rad, einer Gabel mit dem Sattel, einem Tretkurbelantrieb direkt auf die Achse sowie einer Haltestange.

reicher konkurrierender Unternehmen ständig eine akute Bedrohung für Gesundheit und Leben ihrer Fahrer ausging, lag in ihrem technischen Prinzip. Je grösser das Vorderrad war, desto kleiner wurde der Abstand zwischen diesem und dem zu einem blossen Stützrad degenerierten Hinterrad. Zugleich rückte der Sattel immer näher an die Lenkstange über der fast senkrecht stehenden Vorderradgabel heran. Dadurch lag der Schwerpunkt des Vehikels gefährlich hoch und bedrohlich weit vorn. Ein Strassenstein oder eine Baumwurzel genügten manchmal, um zumindest den Stolz des Hochradfahrers zu brechen. Nicht selten brach er sich auch das Genick, denn das Gefährt schleuderte ihn mit Schwung in Fahrtrichtung über die Lenkstange. Mancherorts verboten deshalb die Behörden das Hochradfahren.

Im Grunde war der Trend zu den riesigen Rädern eine ähnlich entwicklungstechnische Sackgasse wie jene der Saurier. Die monströsen Gebilde waren zum baldigen Aussterben verurteilt. Aber die Fahrradindustrie – besonders die britische – profitierte dennoch erheblich von ihnen. 1881, in Starleys Todesjahr, kostete ein Hochrad immerhin 20 bis 26 Pfund. Gemessen an der Kaufkraft, entsprach das dem heutigen Preis für einen Kleinwagen. Die Bareinnahmen waren aber nicht der einzige Gewinn. Weil im Grunde ein Hochrad aussah wie das andere – ihr technisches Prinzip erlaubte keine Gestaltungsfreiheit – und weil dennoch der grosse Konkurrenzdruck zu einem harten Wettbewerb anspornte, verbesserten die Hersteller ständig die Details. Hohlfelgen wurden erfunden, leichte Rahmen und Gabeln aus Hohlstahl ersetzten das schwere Schmiedeeisen. Die alten Gleitlager aus Holz, Messing oder Bronze wichen Rollen- und schliesslich Kugellagern. Unzählige Bremssysteme und Sattelfederungen, Blechschürzen über dem Vorderrad, Leuchten, Satteltaschen und Gepäckschachteln, Bimmelkugeln und Signalpfeifen kamen auf den heftig umkämpften Markt. Und dieser Kampf um den Kunden führte zugleich zu den ersten Rationalisierungsmassnahmen in der Produktion. Industrielle Herstellungsmethoden verdrängten die einstige handwerkliche Fertigung.

Und noch eines brachte die Hochradära mit sich: den ersten Tourismus. Jetzt, nachdem das Rad schneller geworden war, liessen sich damit grössere Tagesetappen bewältigen. Radwanderungen und Fernfahrten wurden immer beliebter und traten an die Stelle des Sonntagsspaziergangs. So radelte der Franzose Albert Laumaillé in nur zwölf Tagen von Wien nach Paris. Und zwischen 1884 und 1886 fuhr Thomas Stevens als erster mit einem Hochrad um die Welt.

Die Hochradfahrer konnten der Bewunderung sicher sein – aber auch des Gespötts, wenn sie wegen einer Wurzel oder eines Steins zu Fall kamen.

Irr-, Um- und Auswege

«Hätte man die Hälfte jener Vorschläge in die Praxis umgesetzt, die zum Gebrauch und zur Verbesserung von Fahrrädern gemacht wurden, hätten wir Luft-, Erd-, Feuer- und Wasserfahrzeuge in bunter Vielfalt», vermerkte 1869 der anonyme Autor eines in London gedruckten Büchleins über Fahrräder in einem Kapitel mit der Überschrift «Velocipedum Variorum». Allerdings konnte der Verfasser im Erscheinungsjahr noch nicht im entferntesten ahnen, was für wahre Ausgeburten genialen oder auch wirren Erfindergeistes das bevorstehende Vierteljahrhundert mit sich bringen würde.

Nicht jeder phantasiebegabte Mensch findet sich mit einer Sackgasse einfach ab. Manch einer sucht nach Aus- oder Umwegen, die sich dann allerdings nicht selten als Irrwege entpuppen. Die Hochradentwicklung war eine Sackgasse, und nachgerade zwangsläufig rief sie eine Unzahl technischer Pfadfinder auf den Plan.

Da gab es zunächst einmal jene, die den Sackgassencharakter der Hochradentwicklung überhaupt nicht erkannten und ungeachtet des erreichten Endes geradeaus weitergingen: War das Hinterrad der Riesengefährte ohnehin schon reichlich verkümmert, so liessen sie es ganz fort. Das Einrad war geboren. Der Grundgedanke schien folgender: Wenn die Grösse einer Erfindung in ihrer Einfachheit liegt, dann musste das Einrad geradezu genial sein. Theoretisch mochte das zutreffen. In der Praxis gab es Probleme, oder – besser gesagt – ein einziges, alle Genialität überschattendes Problem: Konnte ein Zweiradfahrer nur nach rechts oder links umfallen, so drohte dem Einradakrobaten – denn ein solcher musste er sein, wenn er auf diesem instabilsten aller Verkehrsmittel das Gleichgewicht halten wollte – der Sturz in jede beliebige Richtung. Dieses unangenehme Phänomen veranlasste die Herren Erfinder zu vielfältigen Hilfskonstruktionen, die dem Prinzip des genial Einfachen oft geradezu hohnlachten.

Doch eins nach dem anderen. Das erste Einrad hiess «Pédocaèdre» und stammte schon aus dem Jahr 1853. Für seinen Betrieb erforderte es zwei Fahrer, die zu beiden Seiten des mächtigen Rades auf der verlängerten, nach unten herabgezogenen und dann nach hinten umgebogenen Welle

«Le Pédocaèdre» hiess das erste Einrad. Das französische Patent von M. Davis stammt aus dem Jahre 1853.

sassen und in dieser Position im Grunde nichts anderes taten, als neben dem Rad herzulaufen. Ohne diese Erfindung von M. Davis wären sie sicher leichter vorangekommen.
1870 bemühte sich der Engländer John Hobby um ein ehrliches, weil wirklich einfaches Einrad. Es bestand aus nichts anderem als eben dem Rad, einer Gabel mit dem Sattel, einem Tretkurbelantrieb, der direkt auf die Achse wirkte und einer Haltestange, die am unteren Teil der Gabel befestigt war. 1880 vereinfachte der italienische Turnlehrer Scuri die Konstruktion noch dadurch, dass er die Haltestange unmittelbar auf den Gabelkopf setzte, von dem zugleich ein horizontaler Ausleger abzweigte, der auf einer Blattfeder den Sattel trug. War Scuri schon als Erfinder hartnäkkig genug, gegen alle Vernunft ein Einrad zu bauen, so fehlte es ihm auch nicht an der erforderlichen zähen Ausdauer, auf diesem Gerät fahren zu lernen. Mit dem ersten von zwei Modellen soll er tatsächlich die 200 Kilometer lange Strecke von Mailand nach Turin bewältigt haben.
Mehrere andere Erfinder schlugen ähnliche Einräder vor. Wohl am konsequentesten trieb 1889 der Deutsche Hermann Arnz aus Remscheid-Reinshagen die Reduktion auf das Wesentliche. Seine Maschine bestand nur noch aus Rad, Antrieb und Haltestange. Selbst einen Sattel gab es nicht mehr.
Gelegentlich fanden sich sogar Hersteller für die Einräder – nur leider keine Käufer. Die Erfinder suchten deshalb nach technischen Tricks, das Einradfahren leichter und gefahrloser zu machen. Es sei vorweg gesagt: Eine Lösung fanden sie nicht, dafür aber eine unglaubliche Fülle abenteuerlich-grotesker Nutzlosigkeiten.
Es ist erstaunlich, wie viele verschiedene Gestalten ein einziges Rad – nebst skurrilem Beiwerk – annehmen kann. Da gab es zum Beispiel ein Einrad, das im Grunde ein Fünfrad war, und das deshalb auch nicht umfallen konnte. Der Engländer Gibbons baute es 1881 und schlug es für den Paketpostdienst vor. Er selbst war von seiner Konstruktion offenbar so begeistert, dass er das Rad «Ideal» taufte. Seine Landsleute nannten es «Henne mit Küken», was der äusseren Erscheinungsform eines riesigen von vier kleinen Stützrädern umgebenen zentralen Mutterrades eher gerecht wurde. Die Küken sollten übrigens nur während des Anfahrens den Boden berühren und dann hochgezogen werden.

An skurrilen Einfällen bestand kein Mangel. Die erstaunten Mitbürger sahen nur zu oft, wie der Fahrer dieses Einrades (um 1881) das Gleichgewicht verlor und stürzte.

Eine der fragwürdigsten Konstruktionen lieferte der Deutsche Richard E. Papendiek aus Neumarkt 1884 mit seinem «Rennvelociped». Es bestand aus einem an sich vernünftigen Fahrrad mit grossem Vorder- und kleinem Hinterrad. Nur lief das Vorderrad nicht direkt auf der Strasse, sondern im Inneren eines annähernd drei Meter weiten Radreifens, der seinerseits über das Pflaster rollte und ebenso schwer wie überflüssig war.
Noch weiter trieb diese originelle, aber widersinnige Idee 1894 der Berliner Erfinder Rudolph H. Koppel. Er montierte über einem Zweirad mit zentraler Tretkurbel und Vorderradkettenantrieb einen Rohrbügel, der von der Vorderachse über den Fahrer hinweg zum kleinen Hinterrad reichte und in seinem Zenit ein weiteres Rad trug. Da-

Amerikanisches Star Bicycle aus den achtziger Jahren des letzten Jahrhunderts.

mit wurde aus dem Gefährt zunächst ein missgestaltetes Dreirad. Um alle drei Räder herum legte Koppel dann noch eine gewaltige bereifte Felge. Nur dieses äussere Riesenrad sollte Kontakt mit der Strasse haben, die dreirädrige Konstruktion bewegte sich in seinem Inneren. Oft genug geriet aber auch der Fahrer selbst unsanft mit dem Boden in Berührung.

Dass uns diese Ausgeburten technischer Phantasie überhaupt erhalten blieben, ist den Patentämtern zu danken, die all diese

Das US-Patent 92528/1869 erhielt Richard C. Hemmings auf sein «Central Velocipede».

grotesken Einfälle sorgfältig registrieren mussten, denn wenn sie auch wenig sinnvoll waren, Neuheit und Einzigartigkeit liess sich ihnen schlechterdings nicht absprechen. War es gleich Wahn, so hatte es doch System.

Mehrere Erfinder in Europa und den USA entwickelten Einräder, in deren Innerem wie in einem Käfig mit mehr oder weniger zahlreichen beidseitigen Speichen der Fahrer sass und die er durch Tret- und Handkurbeln oder durch einen Fusshebelantrieb zum Rollen brachte. Der Engländer H. O. Duncan bezweifelte in seinem Monumentalwerk «The World of Wheels» spöttisch die Patentfähigkeit der bizarren Fahrzeuge:

So trieb der Amerikaner John White 1869 sein Bicycle an: den Hals im Joch und mit allen Vieren arbeitend.

«Diese Erfindung ist ganz offensichtlich eine Patentverletzung des Eichhörnchens in seinem Käfig!»
Wenn sich ein einziges rollendes Rad als Verkehrsmittel schon nicht so recht bewähren sollte, dann mussten es halt doch zwei sein; aber wer sagte, dass diese ausgerechnet hintereinander laufen sollten? Warum eigentlich nicht nebeneinander? Gedacht – getan, baute wohl als erster 1869 John White aus Philadelphia, USA, ein derartiges Doppelrad und nannte es statt «Bicycle» einfach «Dicycle». Aber der Markt verkannte das Geniale auch an diesem Gefährt. Niemand wollte es. Das änderte sich erst, als 1879 der Engländer Edouard Carl Friedrich Otto ein ähnliches Modell vorstellte. Die «Birmingham Small Arms Cie. Ltd.» fertigte und verkaufte davon immerhin rund tausend Stück. Und auch in Deutschland kam das «Otto»-Rad auf den Markt. Ein Inserat warb: «Die Hauptvorteile des ‹Otto›-Sicherheits-Bicycles sind: geräuschloser und äusserst ruhiger Gang, auch auf den schlechtesten Strassen, ferner einfacher Mechanismus und nahezu momentane Bremsfähigkeit. – Auf das Attribut Sicherheit macht die Maschine deshalb mit vollem Rechte Anspruch, weil man in jedem Tempo sofort abspringen kann; Stürzen ist gänzlich ausgeschlossen und ist die Beweglichkeit der Maschine eine so enorme, dass man auf dem Platze wenden kann.» Die mitgelieferte Fahranweisung erklärte: «... Obgleich das ‹Otto› dem Anfänger einige wenige Schwierigkeiten bereitet, indes unähnlich dem Lernen des gewöhnlichen Bicycles, so hat doch dasselbe das voraus, dass ein Umeinanderpurzeln absolut ausgeschlossen ist. Damen und ältere Herren können das ‹Otto› lernen, ohne das geringste Risiko, dabei zu fallen.» – Soweit klang das noch ganz gut. Die wahren Tücken des Objekts liessen schon eher die sehr ausführlichen «Riten für den Lerner» ahnen. Dort wurde beschrieben, wie man sich «in die Balancierlage zu heben versucht», wie beim Bergabfahren das Dicycle «gerade die entgegengesetzte Wendung macht, als der Fahrer beabsichtigt» – denn dabei lenkte er mit einseitigem Bremsen, nicht mit einseitigem Antrieb – wie der Schüler lernt, «wenn sehr steile Abhänge zu nehmen sind, sofort von der Maschine zu springen beim ersten Zeichen, dass er die Kontrolle über dieselbe verlieren könnte.» – Trotz alledem, wer sich mit dem «Otto»-Rad erst einmal angefreundet hatte,

Fahr- und Übungssaal im grossen Verkaufshaus der Adler-Fahrradwerke in Frankfurt am Main 1895, das Heinrich Kleyer als Eigentümer errichtete.

schätzte dieses bewegliche, leicht laufende Gefährt durchaus.
In Einrädern und Dicycles erschöpfte sich der Erfindergeist im letzten Drittel des 19. Jahrhunderts keineswegs. Kein geringerer als James Starley produzierte zum Beispiel unter den Bezeichnungen «Coventry Lever», «Coventry Rudge» und «Coventry Rotary» sehr erfolgreich Dreiräder, bei denen parallel zu einem etwas zu lang geratenen zweirädrigen Fahrrad in einigem Abstand ein einzelnes Rad von mehr als doppeltem Durchmesser der beiden hintereinander geführten Räder herlief. Auch Dreiräder mit zwei Heckrädern und einem Frontrad oder zwei Fronträdern und einem Heckrad kamen auf den Markt. Es gab Modelle mit Vorderrad- und solche mit Heckantrieb, mit Vorderrad- oder mit Hinterradlenkung. Wer mathematisch gewandt ist, kann leicht die Zahl möglicher Kombinationen errechnen: Frontantrieb + Hecklenkung mit zwei Rädern vorne und einem hinten; Heckantrieb + Hecklenkung mit zwei Rädern hinten und einem vorne ... Alle acht denkbaren Varianten wurden natürlich auch gebaut. Und nicht genug damit; es gab schliesslich auch ein Dreirad, bei dem sich die Spurweite der beiden parallelen Hinterräder während der Fahrt stufenlos verstellen liess: von zwei Fuss bis auf zwei Zoll. Die Firma Topliff & Ely in Elyra, Ohio, stellte es her. Es gab Zweiräder mit Hinterradlenkung und solche, bei denen sich sowohl das Vorder- wie das Hinterrad

Vorder- und Hinterrad liessen sich bei diesem Gefährt mit aussergewöhnlicher Steuerung zugleich lenken. Dadurch fuhren beide Räder auch in Kurven genau in derselben Spur. Das Körpergewicht des Fahrers stellte die Räder nach jeder Kurve automatisch wieder zurück (Erbauer: Prof. Dr. William Laubach, USA, 1868).

Erlachs patentierte zweirädrige Draisine von 1882.

Ein ähnliches asymmetrisches Gefährt ist das Coventry-Rotary-Dreirad von Rudge (1883).

Vier Fahrer fanden auf dem breitspurigen Vierrad der Centaur-Cycle Co. und der West Orchard Works in Coventry Platz. Es war mit einem Differential von Townend versehen.

Ein Vorschlag aus dem Jahre 1869, mit dem Rad aufs Eis zu gehen.

gemeinsam lenken liessen. Es gab «Sociables», Dreiräder für zwei nebeneinandersitzende Fahrer, demontier- oder gar klappbare Dreiräder und schliesslich sogar Vierräder und Sechsräder. Das wohl beachtlichste Gerät baute 1887 der erste Karlsruher Bicycle-Club von 1882: einen zwölfrädrigen Zwölfsitzer. Er war aus sechs Dicycle-Tandems der britischen Firma Humber, Marriott & Cooper zusammengesetzt.
Wer glaubt, in der unübersehbaren Vielfalt der Ein- bis Zwölfräder hätte sich die Phantasie der Velo-Konstrukteure vor der Jahrhundertwende erschöpft oder gar erschöpfen müssen, der irrt. Schliesslich muss sich ein Fahrrad nicht nur auf festen Wegen und Strassen fortbewegen. Bald stellten Er-

Ein Amphibien-Dreirad aus Brüssel. Als Erfinder zeichnete 1883 der Ingenieur Cooman (S. 48).

finder Eisräder vor, mit Gleitkufen und einem stachelbewährten Antriebsrad. Schlittenräder wurden angeboten, deren letzte Nachfahren vielleicht unsere heutigen Ski-Bobs sind. Wasserfahrräder versuchten, den altbewährten Paddelbooten Konkurrenz zu machen, und zuweilen äusserst eigenwillig gestaltete Amphibien-Dreiräder sollten nach dem Willen ihrer geistigen Väter festen Boden wie freie Wasserflächen gleichermassen bewältigen. Im allgemeinen ernteten all diese Ideen keinen Beifall, wohl aber gelegentlich Spott: «Auf dem Lande mag diese Maschine wie ein watschelnder Schwan ausgesehen haben», beurteilte ein Chronist das Amphibienfahrzeug des Berliners Pinkerc von 1891, «auf dem Wasser mag sie sich ganz gut bewegt haben... Wie vieles, setzte sich auch diese Idee nicht durch.»

Mit dem Beginn des 20. Jahrhunderts wurden die Um- und Irrwege des Fahrrads rarer. Die Zweiradindustrie hatte sinnvollere Techniken gefunden, die Sackgasse der Hochradentwicklung zu verlassen. Wirklich Originelles brachte erst wieder das Jahr 1977. Am 23. August erhob sich der Amerikaner Bryan Allen mit einem Fahrrad aus eigener Kraft in die Lüfte und flog damit in 7,28 Minuten eine 2002 Meter lange acht-

Start auf der Bahn von Bristol zur englischen Tricycle-Meisterschaft über eine Meile (1891).

Der älteste Menschheitstraum ist am 23. August 1977 in Erfüllung gegangen. Der Amerikaner Bryan Allen erhob sich mit eigener Kraft in die Lüfte, und in einem Flug von über sieben Minuten Dauer gelang es ihm auch, die vorgeschriebene Acht zu fliegen. Damit gewann er den mit 200 000 Mark dotierten Preis des englischen Industriellen Henry Kremer. Der 51jährige Flugingenieur und Aerodynamiker Dr. Paul MacCready konstruierte dieses erfolgreiche «Flying Bicycle».

förmige Doppelschleife. Der amerikanische Industrielle Henry Kremer dotierte diese Leistung mit dem von ihm dafür ausgeschriebenen Preis von 50 000 Pfund Sterling. Gebaut hatte das fliegende Fahrrad der einundfünfzigjährige Flugingenieur und Aerodynamiker Paul MacCready. Es hiess «Gossimer Condor». Über dem eigentlichen Fahrrad waren 29 Meter weit spannende Leichtbautragflächen montiert, und am Heck rotierte mit rund 110 Umdrehungen pro Minute eine tretkurbelangetriebene Luftschraube. Während des Fluges brauchte der Radfahrerpilot nicht mehr als 300 Watt Leistung aufzubringen.

Hans Richter gelangen 1932 mit seinem fliegenden Fahrrad – Länge der Tragfläche 6 m! – kurze Luftsprünge.

Ein Menschheitstraum war mit dem fliegenden Rad in Erfüllung gegangen: der Traum vom Fliegen aus eigener Kraft. Es fehlte ihm freilich nicht an Vorversuchen, die allerdings samt und sonders nicht mehr waren als grössere Luftsprünge. Am 19. November 1912 gewann der deutsche Radrennfahrer Sigmar Rettich den «Decimeter Preis» von 500 Goldfranken, als er zwei 10 Zentimeter hohe Marken in einem Meter Abstand «überflog». Noch im selben Jahr bewältigte der Franzose Léon Didier mit zwei am Körper montierten Flügeln auf dem Fahrrad 5,32 Meter im freien Flug. 1921 gelang dann dem Sprint-Radweltmeister Gabriel Poulain mit einem Fahrrad-Doppeldecker ein Luftsprung von 11,89 Metern Länge in 1,5 Metern Höhe. Weitere Versuche folgten, aber erst 1976 konstruierte der berühmte japanische Flugzeugbauer Kunura schliesslich ein «Flying Bicycle», das rund 2000 Meter im Geradeausflug zurücklegte. Den ein Jahr später vom «Gossimer Condor» demonstrierten präzisen Kurvenflug vermochte es noch nicht zu vollbringen.

Wie bewunderswert die fliegenden Fahrräder technisch auch sein mögen, im Geschichtsbuch des Zweirads bleiben sie nicht mehr als reizvolle Vignetten.

Safety First

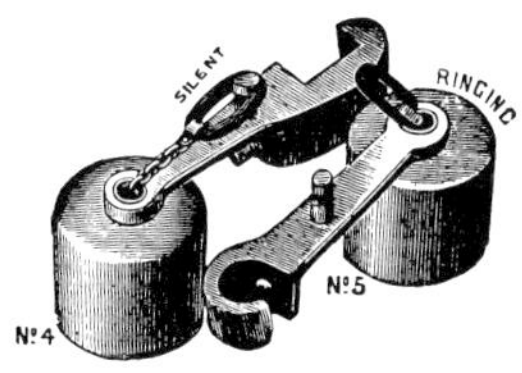

Wer aus einer Sackgasse heraus will, der muss zunächst einmal umkehren. Gerade aber das wollten die stolzen hochradfahrenden Dandies nicht. Die Grösse ihres Gefährts war es schliesslich, die ihnen das Gefühl eigener Grösse vermittelte. Sie sahen von oben auf das gemeine Fussvolk herab. Und als dann 1884 der Neffe des ersten britischen Fahrradindustriellen, der junge John Kemp Starley, zusammen mit seinem Finanzier und Kompagnon William Sutton auf der Londoner Stanley-Show ein gediegenes Niederrad vorstellte, lautete das positivste Urteil der Fachwelt: «Ideal für ängstliche, nervöse oder ältere Fahrer.» Die prominenten Hochradsportler belächelten es nur mitleidig als «Käfer» oder «Kriecher».

Aber warum hatte Starley das Rad überhaupt konstruiert? Schliesslich war die Niederradidee alt, konnte sich aber bisher nicht durchsetzen. Schon James Starley selbst hatte 1871 sein erstes Modell, Ariel, alternativ zur Normalausführung mit einem Übersetzungsmechanismus angeboten. Eine Tretkurbelumdrehung bewirkte zwei Vorderradumdrehungen. Aber dieses schnelle Niederrad wollte niemand kaufen, vielleicht weil die damals gerade in Mode gekommenen Hochräder beeindruckender wirkten. Auch andere Konstrukteure hatten in den siebziger Jahren des 19. Jahrhunderts verschiedene Niederradmodelle oder zumindest kleine Hochräder mit Übersetzungsantrieb entwickelt. Die Ideen reichten von einfachen Trethebelübersetzungen über Endloskettenübersetzungen bis zu Planetengetrieben.

Oft warben die geistigen Väter dieser Räder mit der grösseren Sicherheit ihrer Produkte im Vergleich zu den halsbrecherischen Hochrädern. So nannte 1877 der Franzose Rousseau in Marseille sein Modell mit übersetztem Vorderradkettenantrieb «Sûr»

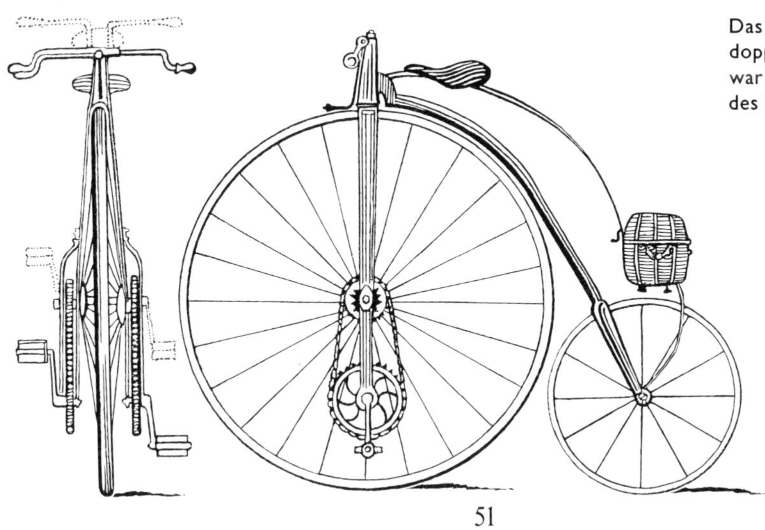

Das erste Rad mit doppeltem Kettenantrieb war das Modell «Sûr» des Franzosen Rousseau.

(«Sicher»). Auch dieses Rad blieb zunächst erfolglos. Es fand erst Marktchancen, als in England ein Jahr später Edouard Carl Friedrich Otto und J. Wallis unter der Bezeichnung «Kangaroo» einen genau gleichen Radtyp bauten, den – weiterentwikkelt – 1884 die Firma Hillman, Herbert & Cooper aber nicht als sicherere Alternative zum Hochrad, sondern als eindeutig überlegenes Fahrrad präsentierte: Der englische Rennfahrer G. Smith stellte mit dem Kangaroo einen Weltrekord auf. Er fuhr 100 Meilen (160 Kilometer) in 7 Stunden, 7 Minuten und 11 Sekunden! Erst mit diesem Werbetrick war das Eis für das Rad mit Übersetzungsantrieb gebrochen. Zwar war das Kangaroo mit seinen beiden unterschiedlich grossen Rädern dem Hochrad noch sehr ähnlich, aber es war doch schon merklich kleiner, und – das war das Wesentliche – es zerstörte den Mythos «je grösser, desto schneller und besser». Der Umsatz florierte derart, dass die Firma von Otto und Wallis die Nachfrage allein nicht mehr decken konnte. Auch andere britische Fahrradfabriken bauten bald Kangaroos. Noch immer aber blieb die Monopolstellung der Hochräder ungebrochen. Zahlrei-

Ab 1884 bauten die Firmen Singer & Co. und Hillman, Herbert & Cooper in Coventry das erfolgreiche Sicherheitsrad «Kangaroo».

John Kemp Starley auf Rover III.

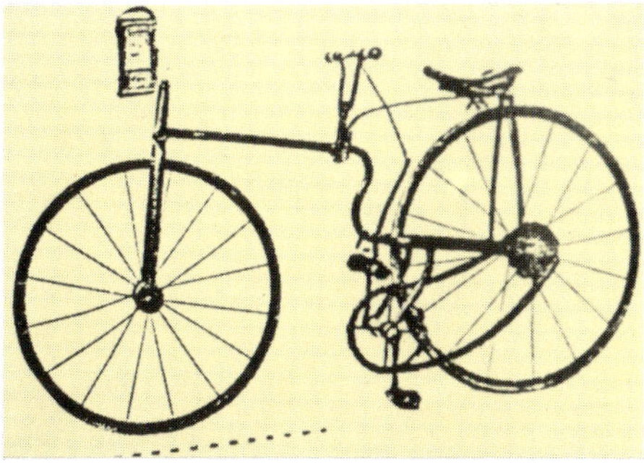

In Anlehnung an das Trefz-Rad entstand 1878 in England das «Safety» von Thomas Shergold.

che auf dem Markt erscheinende sogenannte Sicherheitsräder – wie das amerikanische «Star»-Rad von 1880/85, das in Anlehnung an das Stuttgarter Trefz-Rad entstandene britische «Safety» von Thomas Shergold (1878) mit zwei gleich grossen Rädern, das 1879 entstandene Lawson-«Safety» oder das Humber-Sicherheitsrad aus dem Jahre 1884 – blieben Aussenseiter. Dieses Geschick teilte zunächst auch das 1884 von John Kemp Starley auf der Stanley-Show vorgestellte Niederrad. Doch gab sich der junge Mann mit dem Verdikt «ideal für ängstliche, nervöse oder ältere Fahrer» nicht zufrieden. Er hatte systematisch das Fahrrad der Zukunft konstruiert und ging nach dem ersten Misserfolg ebenso systematisch daran, der Öffentlichkeit die Überlegenheit seiner Maschine zu beweisen. Erzielten nicht auch die Kangaroo-Hersteller nur deshalb Markterfolge, weil sie einen Geschwindigkeitsrekord inszeniert hatten?

Der amerikanische Zehnsitzer «The Oriten», der auf der Stanley-Show in London 1899 gezeigt wurde.

Nun wäre an sich nichts einfacher gewesen, als einen guten Rennfahrer anzuheuern, der mit dem «Rover», wie Starley sein Fahrrad nannte, auf einem ausgeschriebenen Rennen noch schneller fuhr als alle Konkurrenten. Das Rad versprach einen solchen Sieg ohne grössere Schwierigkeiten. Diesen naheliegenden Weg überzeugender Werbung versperrte aber die Polizei. Als nämlich William Hillmans Meisterfahrer George Smith in dem spektakulären 100-Meilen-Rennen von Twyford nach Norman Cross das Kangaroo populär gemacht hatte, zog er sich zugleich die Feindschaft der Bauern zu. Er überfuhr unterwegs mehrere Hühner und scheuchte längs der Strecke zahlreiche Weidetiere hoch, die dann in blindem Galopp durch die Koppeln jagten oder – schlimmer noch – aus diesen ausbrachen. Unter dem Druck der verärgerten Bauern verbot die Polizei weitere Veranstaltungen dieser Art, und die Presse befürwortete das entschieden.
Ging es den Bauern ums Überleben ihrer Hühner, so kämpfte John Kemp um das Überleben seiner jungen Fahrradfabrik. Er setzte sich mit einem Husarenstreich über das Polizeiverbot hinweg und bereitete ein Radrennen von London nach Brighton und zurück über Shoreham vor. Den drei schnellsten Fahrern winkten verlockende Preise. Startort sollte Anderton's Hotel in der Londoner Fleet Street sein. Zur angegebenen Zeit fand sich dort neben zahllosen Neugierigen ein grosses Polizeiaufgebot ein, um das Rennen zu verhindern. Wer indes nicht erschien, waren die Veranstalter und die Radsportler. Ungehindert vom Arm des Gesetzes starteten sie pünktlich um 8.30 Uhr vom Cross Hotel im Norman

Die Patentzeichnung des Lawson-Sicherheitsrades von 1879, aus dem sich der Rover entwikkelte.

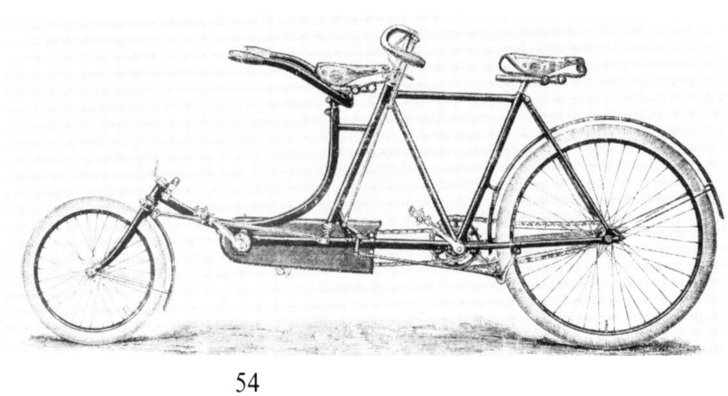

Humbers Tandem 1895.

Die «Rover-Wanderer»-Konstruktion erdachte 1879 H. J. Lawson. Sechs Jahre später bauten Starley & Sutton das Rad in Serie und führten es auf der Stanley-Show in London vor. Der Rover I hatte noch indirekte Lenkung.

Cross, wohin John Kemp Starley sie insgeheim bestellt hatte. Die wilde Jagd raste nach Twyford und legte damit genau dieselben 100 Meilen zurück, wie in dem von Hillman veranstalteten Rennen, nur in Gegenrichtung. Und um den Triumph über die Kangaroo-Konkurrenz zu krönen, siegte wieder der Meisterfahrer George Smith, diesmal aber auf Starleys Rover. Ein neuer Radfahr-Weltrekord machte Schlagzeilen. Der Rover wurde bald nicht nur auf der Strasse, sondern auch im Handel ein Renner. In aller Eile mussten Starley und Sutton die Kapazität ihrer Fabrik erweitern. Doch Starleys Ziel war nicht allein rascher kommerzieller Erfolg, er wollte nichts anderes, als das perfekte Fahrrad schaffen. Und das sah er in seinen im ganzen Land gerühmten Modellen Rover I und Rover II noch keineswegs. Sorgfältige Analysen führten ihn dahin, dass ein ebenso schnelles wie bequemes und physiologisch effektives Fahrrad zwei gleiche mittelgrosse Räder haben müsse, zwischen denen der Sattel möglichst senkrecht über den Pedalen angebracht ist. Ausserdem befriedigten ihn die bisherigen Lenksysteme nicht. Sie arbeiteten nicht präzise genug. 1887/88 war es dann soweit: Starley stellte den Rover III als perfektes Fahrrad vor. Beim Erscheinen des vorliegenden Buches zur Geschichte des Fahrrads ist dieses Modell genau ein Jahrhundert alt. Wesentlich verändert hat sich das Zweirad in dieser Zeit nicht mehr. Starleys Rover III ähnelt dem modernen Fahrrad unserer Tage sehr.

Ein Sicherheitsrad mit Hinterradlenkung war auch das «Adjustable» von J. Hawkins 1884.

Das Rover III mit geschweiftem Trapezrahmen («Swift-Rahmen») und Tangentialspeichen stellt 1887 die endgültige Form dieser Baureihe dar. In den letzten 100 Jahren hat sich die Form des Rahmens nicht mehr wesentlich verändert.

Was den Rover III auszeichnete, war ein moderner «Swift»- oder Trapezrahmen – bei dem später nur die leicht geschweiften

oberen und vorderen Begrenzungsrohre durch gerade Rohre ersetzt wurden und ein zusätzliches Rohr Sattel und Tretlager verband –, waren der übersetzte Hinterrad-Kettenantrieb, die direkt wirkende sogenannte Nackensteuerung und die Tangential-Drahtspeichen. Der verstellbare Sattel ruhte auf Federn. Die Blockkette des Antriebs liess sich spannen. Bremsen konnte man den Rover III mit einer auf das Vorderrad wirkenden Blockbremse. Selbst ein Kotflügel war lieferbar. Allerdings trugen die Stahlhohlfelgen zunächst noch Vollgummireifen. Den luftgefüllten Pneu gab es erst ab 1890.
Schon ein Jahr nach seinem Erscheinen errang der Rover III einen Anteil von 90 Prozent am gesamten Zweiradmarkt! John Kemp Starleys Durchbruch zum modernen Fahrrad brachte die gesamte einschlägige Industrie in eine äusserst prekäre Situation. Das Hochrad, das soeben noch in Hunderten von Modellen die Geschäftsbasis aller Zweiradfabriken war, fand keinen Absatz mehr. Geringschätzig belächelte man die so schnell aus der Mode geratenen Riesenstahlrosse jetzt als «Penny-Farthings», was sich von dem beachtlichen Grössenunterschied dieser beiden gängigen britischen Münzen herleitete.
90 Prozent Marktanteil bedeutet technische Überlegenheit gegenüber Konkurrenzprodukten. Die Zahl sagt aber nichts über die absoluten Umsatzzahlen aus. Und die liessen noch zu wünschen übrig. Bei weitem nicht jeder potentielle Käufer konnte sich mit dem Fahrrad anfreunden. Die frühe englische Radlerin Gwenn Raverat erinnerte sich später an ihre Kinderzeit: «Wir pflegten Familienfahrten zu machen, alle miteinander; mein Vater voraus auf einem Fahrrad, und der arme Charles (ihr Bruder) stand höchst unbequem auf der Stange hinter meiner Mutter (sie fuhr ein Damendreirad); er hielt sich fest, als ginge es um sein Leben. Ich empfand es als schwere Arbeit, auf meinen harten Reifen voranzukommen; ein glanzvoller, aber kein angenehmer Zeitvertreib.»
Diese lästige Härte der Reifen machte sich beim modernen Niederrad noch weitaus stärker bemerkbar als beim alten Hochrad, dessen grösserer Vorderreifen die Bodenunebenheiten weit besser ausgeglichen hatte. Natürlich versuchte die Fahrradindustrie, dieses Manko wettzumachen. Schwingrahmenmodelle kamen auf den Markt, verschiedenartige Sattelfederungen

1887 bauten die Adler-Werke ihr erstes Niederrad. Es besass einen Kreuzrahmen.

und sogar Räder mit federnden Speichen oder Felgen. Eine wirklich akzeptable Lösung brachte aber erst der Luftreifen des irischen Tierarztes John Boyd Dunlop. Die in ihren Kinderjahren von den harten Radreifen so wenig begeisterte Gwenn Raverat berichtet weiter: «Dann, eines Tages beim Mittagessen, sagte mein Vater, er habe gerade eine neue Reifenart gesehen, gefüllt mit Luft, und er dachte, das könnte ein Erfolg werden. Und bald danach hatte jeder ein Fahrrad, auch die Damen, einfach alle...» – Jetzt endlich stimmten auch die absoluten Umsatzzahlen.

So grundlegend die stürmische technische Entwicklung im 20. Jahrhundert auch das Gesicht praktisch der ganzen Welt verändert haben mag, das Fahrrad hat sie nicht mehr wesentlich umgestaltet. Natürlich sind im Zuge der modernen Werkstoffforschung und -entwicklung die Modelle leichter geworden, und auch die Grossserienfertigung hat konstruktive Spuren hinterlassen. Mit dem Zeitgeschmack wechselte ab und zu die vorherrschende Rahmenfarbe, und bisweilen fanden vorübergehend Modeerscheinungen Freunde, etwa Räder mit Kardanwellenantrieb, windschnittige Sessel- oder Liegeräder, Räder mit Ballonreifen, Klappräder für den Automobilkofferraum oder Klein- beziehungsweise «Pony»-Räder. Sofern sie überhaupt nennenswerte Umsätze erzielten, erwiesen sie sich wenige Jahre später regelmässig als Eintagsfliegen. Und so dürfte auch den momentan im Zuge der harten Freizeitsportwelle in gewissen Kreisen favorisierten kompakten und äusserst robusten «Mountain Bikes» kaum eine langfristige Zukunft beschieden sein.

Wirkliche Kontinuität in seiner weltweiten Verbreitung zeigte nur das an Starleys Rover III anknüpfende Standardrad. Allein die Umsatzstatistiken des deutschen Fahrradmarktes beeindrucken: Verkauften deutsche Händler 1887 17000 Fahrräder (davon 10000 Importräder aus Grossbritannien), so betrug 1896 die reine Inlands-

An der Wiege der deutschen Fahrrad-Industrie standen die Gebrüder Ludwig, Fritz, Heinrich, Wilhelm und Carl Opel.

Singer-Safety (um 1890).

produktion schon 200 000. Nach einer vorübergehenden Krise zur Jahrhundertwende lag die Fertigung kurz vor dem Ersten Weltkrieg bei jährlich einer halben Million. Vor Ausbruch des Zweiten Weltkriegs stellte die deutsche Fahrradindustrie Jahr für Jahr 2,85 Millionen Zweiräder her, und schon 1949 lieferten allein westdeutsche Produzenten wieder 1,47 Millionen Räder aus, während der Handel im selben Jahr weitere 700 000 Stück aus alten Ersatzteillagerbeständen montierte.

In den vergangenen 30 Jahren ging dann der Trend vom schweren Alltagsrad im Zuge des Wirtschaftswunders und der zunehmenden Freizeitaktivitäten mehr und mehr zum leichten und superleichten Sportrad oder gar Rennrad. Doch auch das ist nur ein gradueller und kein prinzipieller Wandel. Im Grunde radeln wir auch heute auf nichts anderem als zeitgemässen, aber im wesentlichen unveränderten Nachfahren des 100 Jahre alten klassischen Starley-Rovers.

Blick in die Werkstätte der Velocipedfabrik Neumarkt der Gebrüder Goldschmidt in der Oberpfalz (1890).

Kurbeln, Ketten, Kugellager

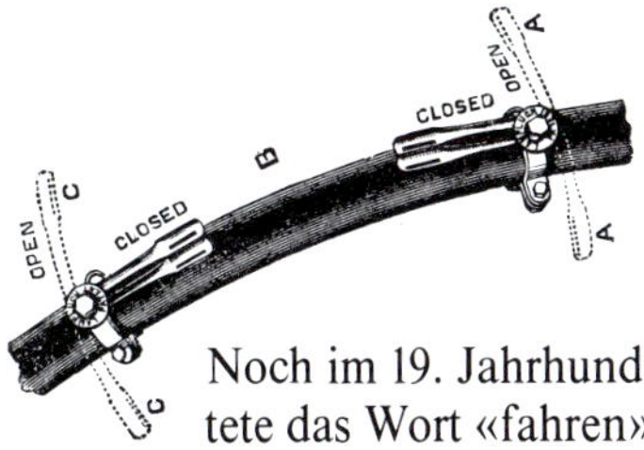

Noch im 19. Jahrhundert bedeutete das Wort «fahren» nicht nur die Benutzung eines Verkehrsmittels, sondern jede beliebige Art der Fortbewegung, auch das Zufussgehen oder das Schwimmen. So hiessen die wandernden Handwerksburschen «fahrende Gesellen», der Fuchs «fuhr aus seinem Bau», und mit den Fingern «fährt» man sich auch heute noch «durch die Haare». – «Mit dem Rad fahren» bedeutete ursprünglich also nichts anderes, als sich mit Hilfe eines Rades fortzubewegen. Das wichtigste am Rad ist also das Rad. Und das ist zugleich auch das älteste technische Element des Fahrrads, weit älter noch als der Sattel. Während der Reitsattel in Europa nämlich erst im vierten Jahrhundert aufkam und in Indien vielleicht schon ein oder zwei Jahrhunderte vor Christo bekannt war, liegt die Geburtsstunde des Rades im Dämmer der Vorzeit. Älter als fünf Jahrtausende ist es sicher, und sehr wahrscheinlich reicht seine Geschichte sogar rund 10 000 Jahre zurück. Damals rollte es als in der Mitte gelochte runde, aus zwei oder drei Brettern zusammengesetzte Holzscheibe über die Steppen Kleinasiens. Im zweiten Jahrtausend vor Christo erfanden die Ägypter das hölzerne Speichenrad. Ge-

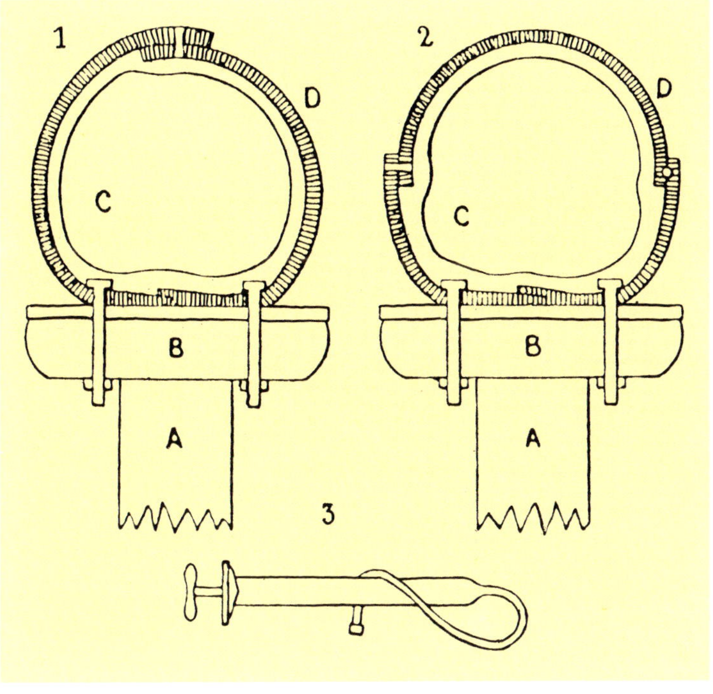

43 Jahre vor Dunlop hatte Robert William Thomson den Luftreifen erfunden, doch geriet seine Erfindung in Vergessenheit.

gen Ende der Bronzezeit bürgerte sich die goldgelbe Legierung als Werkstoff für Räder ein, doch nur für kurze Zeit. Die Bronzeräder waren schwer, brachen leicht und zerschlissen schnell. Schmiedeeisenbereifte Holzräder lösten sie in der Eisenzeit rasch wieder ab. Und an diesen änderte sich mehr als zwei Jahrtausende lang im Prinzip nichts. So holperten denn auch die ersten Fahrrad-Räder hölzern und eisenbereift über unebene Wege und Strassen. Das war natürlich lästig, aber die Versuche Michaux', Räder mit stossschluckenden Werkstoffen wie Korkauflagen, Lederriemen oder geteerten Hanfseilen zu belegen, scheiterten teils an der mangelhaften Befestigungstechnik, teils am hohen Verschleiss.

Ein entscheidender Fortschritt gelang erst, nachdem der Brite Charles Goodyear 1839 das Vulkanisieren von Rohgummi erfand. Vier Jahre später nahm sein Landsmann Thomas Hancock die industrielle Fertigung auf. Und dann, 1845, geschah etwas

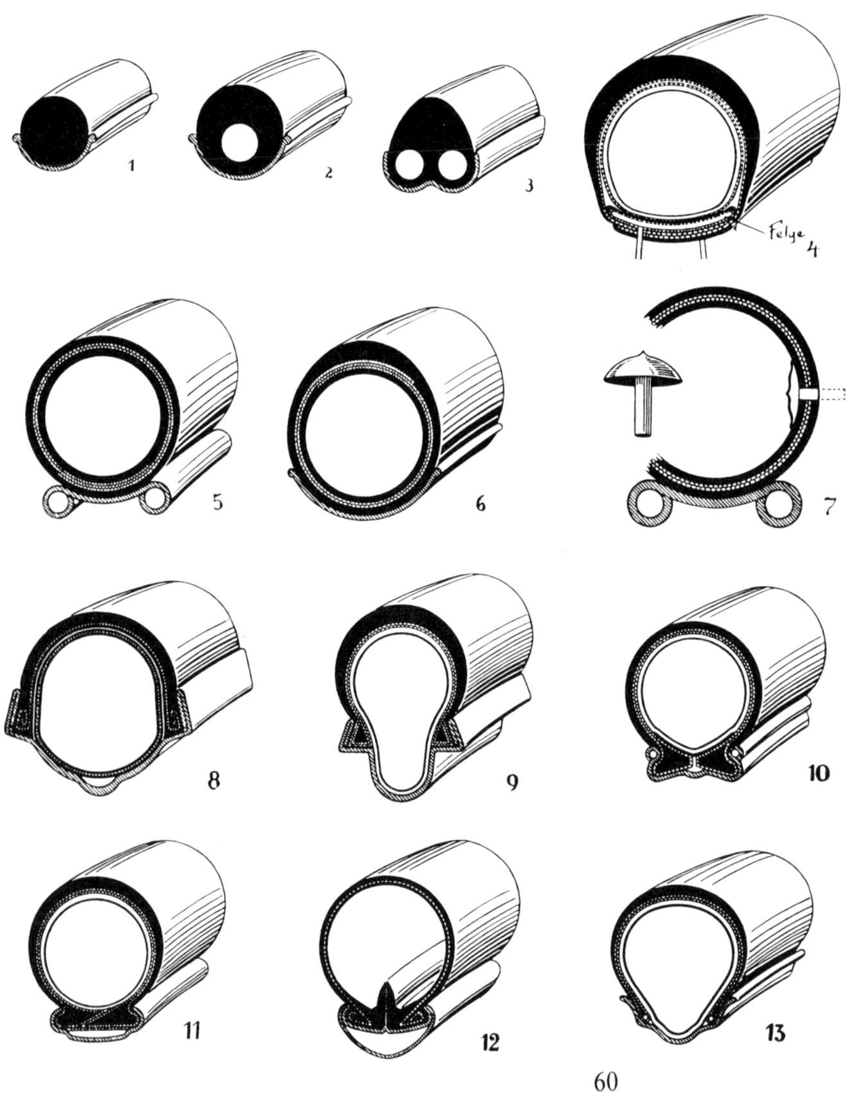

Die Entwicklung des Fahrradreifens: Vom Massiv-Gummireifen (1) bis zum ersten englischen Drahtreifen auf Tiefbettfelge (1892).

Erstaunliches: Der 23jährige britische Ingenieur Robert William Thomson erkannte im Gummi ein ideales Hilfsmittel, sich die noch viel besseren elastischen Eigenschaften der Luft zunutze zu machen. Er erfand den Luftreifen. Thomson erprobte seine Pneus an mehreren Pferdewagen. Die Fahreigenschaften verbesserten sich gründlich, und die Verschleisseigenschaften übertrafen alle Erwartungen. Nach 100 Meilen waren die Reifen noch so gut wie neu. Ein englischer Gentleman soll mit einem luftbereiften Gefährt sogar 1200 Meilen zurückgelegt haben. Das einzige Handicap des neuen Reifens lag im damals noch horrenden Preis des Gummis. Niemand konnte sich derartigen Luxus leisten, und so kam es, dass Thomsons Patent von 1845 binnen kurzem wieder vergessen war, und zwar so gründlich, dass zwei Jahrzehnte später, als die Gummipreise fielen, zahlreiche Erfinder Vollgummireifen auf den Markt brachten. 1869 wurde kein Fahrrad mehr ohne kautschukbereifte Räder geliefert.

Der «Pneumatik» musste regelrecht ein zweites Mal erfunden werden, diesmal von dem irischen Veterinär-Chirurgen Dr. John Boyd Dunlop. Inzwischen schrieb man das Jahr 1888.

Das Dunlop-Patent brachte jetzt zwar den Luftreifen auch – und in erster Linie – für das Fahrrad, führte aber zugleich zu einer Fülle der eigenwilligsten Speichen- und Felgenkonstruktionen in der gesamten Geschichte des Zweirads. Nur die Pneumatic Tyre Company in Belfast, die die Patentrechte erworben hatte, durfte die luftgefüllten Reifen herstellen und an die Fahrradindustrie vertreiben, weswegen alsbald alle bisherigen Radproduzenten ebenso verzweifelt wie vergeblich nach einem gleichwertigen Ersatz suchten. Räder mit federnd geschweiften Speichen erschienen; konzentrische Räder, die ein Kranz von Sprungfedern voneinander trennte; Felgen, die rundum mit schlanken Gumminoppen besetzt waren, oder Reifen, die sich aus einer Vielzahl einzelner Luftkissen zusammensetzten und sich nur allzu rasch unrund abnutzten.

1890 verschwand der ganze bizarre Reifenspuk schlagartig. Die Redaktion der Zeitschrift «Sport und Spiel» in Midland hatte das inzwischen 45 Jahre alte Luftreifenpatent von Robert William Thomson wiederentdeckt, und Dunlops Schutzrecht wurde für nichtig erklärt. Jeder Produzent durfte jetzt Pneus herstellen, wenngleich die Pneumatic Tyre Company durch inzwischen erworbene weitere Reifen- und Felgenpatente einen grossen technischen Vorsprung wahrte.

Was den Luftreifen nach 1890 zum modernen Fahrradreifen von heute werden liess, waren die Entwicklung des Laufprofils, Materialmischungen aus synthetischem und Naturkautschuk, die Verwendung von Cord- statt Kreuzgewebe im Mantel und andere Verbesserungen.

Eng mit der Geschichte des Reifens verknüpft ist natürlich der Werdegang der Felgen. Zwar liegen zwischen den alten hölzernen Radreifen und den modernen Stahlhohlfelgen Dutzende verschiedener Konstruktionen, doch lassen sie sich im wesentlichen in einige wenige Kategorien zusammenfassen: Der von einem Schmiedeeisen-

Elastisches Vorderrad des französischen Hochrades «Elastique» (1880).

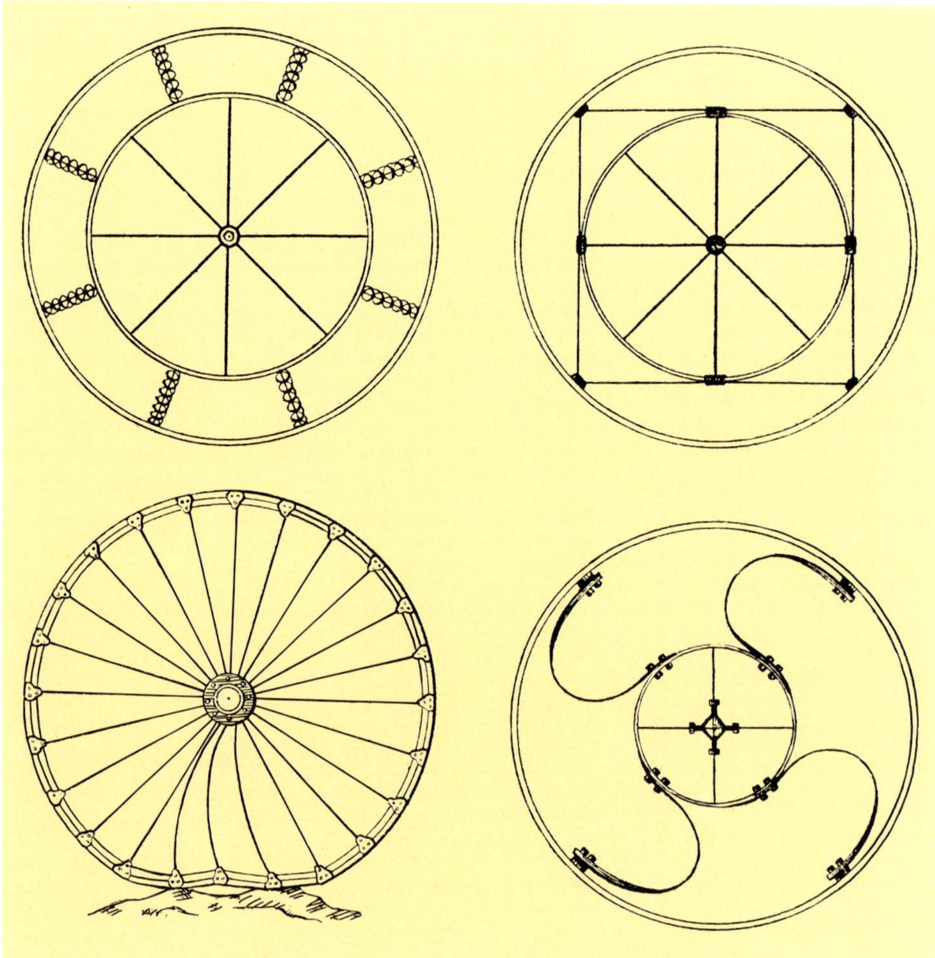

1869 schlugen verschiedene Konstrukteure in Frankreich diese federnden Räder vor.

band umfassten glatten Holzfelge folgte eine solche mit eingefräster Nut und eingelegtem Vollgummireifen. Schon Michaux verwendete Eisen- und Stahlfelgen mit U- und V-Profil. 1875 erfand der Franzose Jules Truffault dann die Hohlfelge, die aus zwei miteinander hartverlöteten Profileisenbändern besteht. Mit Abweichungen im Profil hat sich dieser Typ bis heute bewährt.

Bereits ein Jahr zuvor verwendete James Starley erstmals die ebenfalls noch heute üblichen auf Zug belasteten Tangentialspeichen. Sie lösten bald generell die zuvor üblichen viel stärkeren Radialspeichen ab, wie sie zunächst Drais aus Holz und später Michaux und dessen Nachfolger aus Stahl verwendet hatten. Nur während der siebziger und achtziger Jahre des 19. Jahrhunderts erfuhren die Tangentialspeichen eine gewisse Konkurrenz durch die verschiedenartigen federnden Speichen, die mit Dunlops Luftreifen wetteiferten.

Eine wirklich vielschichtige Entwicklung machte am Rad selbst eigentlich nur die Nabe durch. Bestand das Radlager bei

Drais aus nichts anderem als einer eisernen Achse, um die sich eine hölzerne Buchse gleitend drehte, so kamen zu Michaux' Zeiten Bronzegleitlager in Gebrauch. Zwar kannte Michaux bereits das Kugellager, verwendete es aber nur für eine Tretlagerkonstruktion, nicht für die Lagerung der Radnabe. Das machte erst 1869 sein Landsmann Jules Pierre Suriray, womit es ihm gelang, die Radreibung auf einige Tausendstel herabzusetzen.

Schon zwei Jahre zuvor registrierte das französische Patentamt die Erfindung von Rädern mit Freilauf. Wem dabei die Priorität gebührt, François oder Grandchamps, lässt sich heute nicht mehr mit Sicherheit feststellen. In den drei Jahrzehnten bis zur Jahrhundertwende häuften sich dann die Freilaufkonstruktionen. Auf dem Markt wirklich durchsetzen konnten sie sich aber erst nach 1900. Zuvor misstrauten die Kunden dieser Technik. Sie hielten sie für gefährlich.

Schon 1877 übernahm die Nabe noch eine weitere Funktion: die des Übersetzungsgetriebes. Der Engländer G. Walker stattete erstmals ein Fahrrad mit einer Naben-Zweigangschaltung aus. 1899/1900 verhalf der Amerikaner A. P. Morrow der Nabe zu ihrer bisher letzten eigenständigen Funktion: Er integrierte in sie eine Rücktrittbremse.

Die weitere Entwicklung zur technischen Perfektion verlief stürmisch und an vielen

Die erste Freilaufnabe mit Rücktrittbremse der Schweinfurter Firma Fichtel & Sachs erhielt 1903 den Namen Torpedo.

Fronten zugleich. 1912 war die Fahrradnabe technisch weitgehend ausgereift. Seit dieser Zeit verkaufte zum Beispiel die Firma Fichtel & Sachs ihre berühmte «Doppeltorpedonabe mit Rücktrittbremse» 50 Jahre lang praktisch unverändert.
Sich mit dem Rad fortzubewegen, sollte eigentlich nicht «radfahren», sondern «räderfahren» heissen, denn schliesslich ist das benutzte Gefährt ja ein Zweirad. Was es zusammenhält, ist der Rahmen. Seine Entwicklung spielte sich zweigleisig ab: Zum einen änderte sich sein Material, zum anderen seine Gestalt. Über die Materialwahl entschieden vorwiegend pragmatische Gesichtspunkte wie Stabilität, geringes Gewicht, günstiger Preis und Verfügbarkeit. Drais verwendete Holz, denn er kannte noch keinen hochfesten Stahl. Michaux bediente sich des in seiner Zeit gängigsten industriellen Konstruktionsmaterials, des Schmiedeeisens, und als 1870 die Industrie gelernt hatte, leichte und zugleich stabile Stahlrohre zu fertigen, hielten diese Einzug in den Fahrradbau. 1886 gelang den deutschen Brüdern Reinhard und Max Mannesmann die grossindustrielle Produktion nahtloser Rohre; drei Jahre später war der Fahrradrahmen aus Mannesmann-Rohren Stand der Technik. Beim Rohr ist es bis heute geblieben, nur erlauben Rohre

Bei der Timberlake-Ratchet-Bremse liess sich durch das Drehen der Lenkstange eine Zahnstange nach unten drücken, die ihrerseits eine Bremsrolle auf den Reifen presste.

aus modernen Leichtmetallegierungen jetzt weitaus geringere Rahmengewichte, die nur noch von höchstwertigen Edelstahlrohren unterboten werden, deren Wandstärke bei ausreichender Stabilität heute zwischen 0,3 und 0,8 Millimetern liegt!
Die Rahmenform folgte der jeweils zeitgemässen technischen Philosophie des Zweirads. Genügte Drais im wesentlichen ein horizontaler Balken mit zwei vertikal von diesem ausgehenden Radgabeln, so experimentierten Michaux und Zeitgenossen mit sehr verschiedenen Rahmenformen aus dem beliebig zu gestaltenden Schmiedeeisen. Die Hochrad-Ära zwang dann aber zu einem Einheitsrahmen. Wer ein riesiges

Die Sattelfeder der Coventry-Hochräder war elastisch in Gummi gelagert.

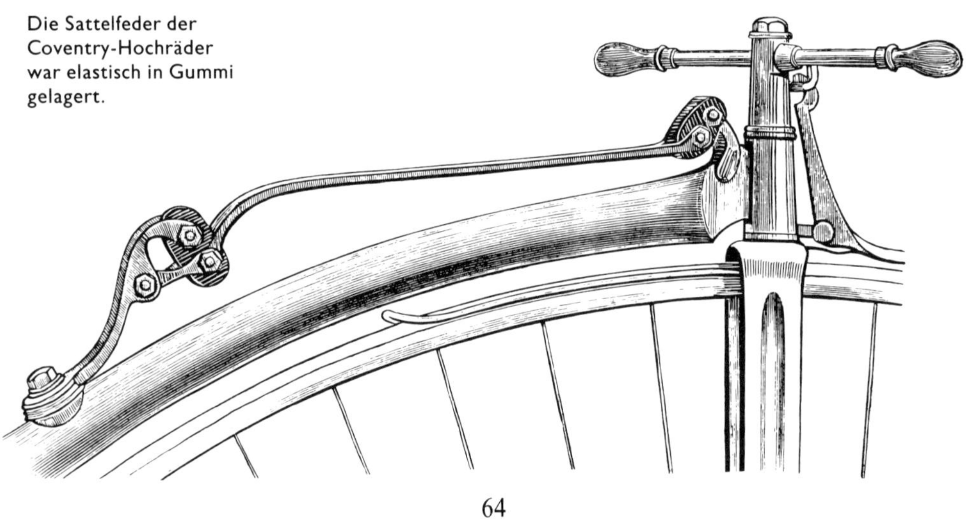

und ein winziges Rad rationell miteinander verbinden will, hat keine grosse Auswahl im Design. Die anschliessende Zeit des Niederrades oder «Safeties» bestimmten reine Zweckerwägungen, vor allem getragen von John Kemp Starley. Er schuf für seinen Rover III 1887 den ebenso einfachen wie sinnvollen Rautenrahmen, dem im Vergleich zum modernen Rad allerdings ein Stützrohr zwischen Sattel und Tretlager fehlte. 1890 führte es der englische Konstrukteur Humber ein und schuf damit den Fünfeck- oder Trapezrahmen, der sich bis heute als gängigster Fahrradrahmen bewährt hat. Es fehlte zwar nicht an einer wahren Flut abweichender und zum Teil sehr eigenwilliger Rahmenformen, die seit Starleys Zeiten immer wieder auftauchten; aber sie alle verschwanden ebenso rasch wieder, wie sie erschienen. Sie erwiesen sich im Vergleich mit dem Trapezrahmen stets als weniger stabil, als schwerer oder als teurer, wenn sie nicht sogar alle drei Nachteile in sich vereinten.

Als «Nerv des Velocipeds» bezeichnete schon 1870 der Fahrradautor Gustav Steinmann Lenkung und Vorderradgabel. Seinerzeit hatten Michaux' schmiedeeiserne Gabeln die zuvor generell üblichen Holzkonstruktionen aus Drais' Ära verdrängt. Doch hatte es auch schon 1817/18 einige Draisinen mit derartigen Eisengabeln gegeben. Wie beim Rahmen ersetzten auch bei der Gabel nach 1870 leichte Rohre das massive Metall. Ohne Rohrgabeln wären die gigantischen Hochräder der Zeit gar nicht denkbar gewesen.

Im Grunde passte sich die Gabel während ihrer Entwicklung nur der Grösse des Rades an, wenn man von ihrer Biegung nach vorn, die sich um 1890 durchsetzte, einmal absieht.

Entscheidendere Veränderungen machte die Lenkung selbst durch. Bis in die Ära der Hochräder hinein bestand sie lediglich aus einer in einem Rohr drehbar gelagerten Lenksäule. Einen Wandel gab es erst bei den späten Hochrädern, als viele Hersteller den Rahmen mit einem vertikalen zylindrischen Zapfen, der oben und unten in je eine Spitze auslief, in der starr mit der Gabel verbundenen, hohlen Lenksäule lagerten. Der Fachmann fasst diese wie auch die vorhergehende Art der Lenkungslagerung unter dem Oberbegriff «Sockelsteuerung» zusammen. Sie wurde bei den Niederrädern ab 1889 durch die sogenannte «Nakkensteuerung» abgelöst. Bei dieser befand sich am vorderen Rahmenteil ein senkrechtes Hilfslenkrohr, das beidseitig Lagerzapfen trug. Sie drehten sich in Pfannen, die fest mit der eigentlichen Lenksäule verbunden waren. Die Nackensteuerung überlebte aber nicht mehr als rund ein Jahrzehnt. Dann fanden die Fahrradbauer endgültig zur Sockelsteuerung zurück, jetzt allerdings unter Verwendung mehrteiliger kugelgelagerter Steuersätze.

Wer sich eingehend mit der technischen Entwicklung des Fahrrads befasst, stellt

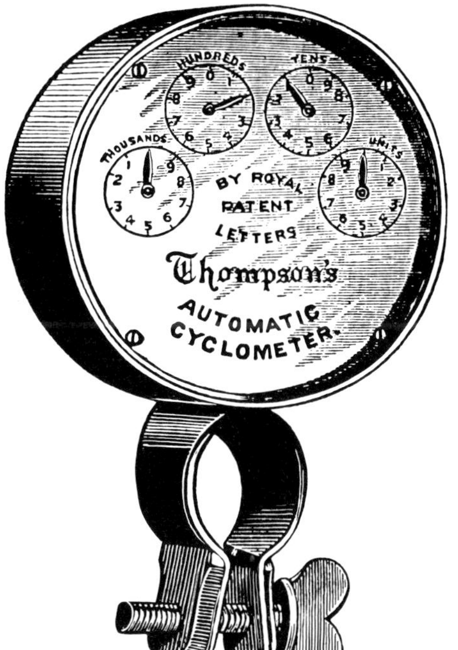

Cyclometer registrierten die zurückgelegte Wegstrecke.

Vernickelte Staudruck-Fahrradlampe für Petroleumbetrieb 1890.

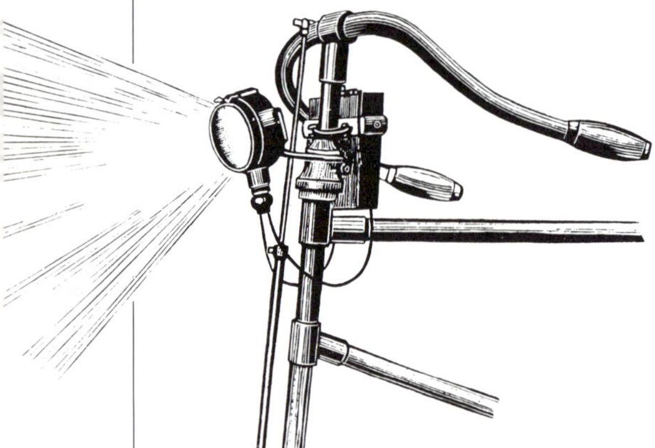

Vor der Jahrhundertwende (1895) datiert diese elektrische Fahrrad-Batterieleuchte von Harzendorff & Lehmann, Berlin.

sehr bald fest, mit wie vielen konstruktiven Details er sich auseinandersetzen muss. Neben Rädern, Rahmen und Lenkung ist natürlich – wenigstens bei den Nachfolgern des Freiherrn von Drais – der Antriebsmechanismus wichtig. Und der wiederum umfasst eine Vielzahl einzelner Elemente: Pedale, Trethebel oder Tretkurbeln, das Tretlager – sofern dieses nicht mit dem Vorderradlager zusammenfällt –, Ketten-, Zahnrad- oder Kardanwellen-Kraftübertragung, Übersetzungsgetriebe, Kettenschutzbleche

Der Franzose Chereau ersetzte 1895 die Kette durch Zahnräder.

Zahlreiche Firmen stellten kurz vor der Jahrhundertwende Kardanräder her, so zum Beispiel die Graziosa-Fahrradwerke in Graz 1898.

Kardanantrieb «Prinzip Sager» der Firma Adler aus dem Jahre 1899.

und Kettenspanner... Allein den Hunderten im Detail verschiedener historischer Fahrradantriebe liesse sich ein umfangreiches Buch widmen. Hier sollen die zahlreichen Seitenlinien unerwähnt bleiben und nur die wichtigsten Daten auf dem Weg zum modernen Fahrrad genannt werden. Die ersten Pedale waren nichts anderes als hölzerne Spulen, die sich um einen Zapfen drehten. Das Kugellager, obwohl in den Radachsen schon 1869 angewandt, eroberte die Pedale erst nach 1890. Zu dieser Zeit gab es eine Fülle verschiedener Pedalformen, darunter Block-, Flügel- und Rattrap-Pedale, Leder- und Gummipedale und spezielle Leichtkonstruktionen. Ein grundsätzliches Novum kam erst wieder nach 1936 dazu: die Rückstrahler an den Pedalen.

Beim «Ariel» finden sich die ältesten Rattrap-Pedale (1874).

Kaum etwas lässt sich zur Entwicklung der Tretkurbel selbst sagen, technisch gesehen ist sie schliesslich nichts weiter als ein abgewinkelter Arm. Zu erwähnen wäre allenfalls, dass sich zu Michaux' Zeiten das Pedal längs dieses Armes verschieben liess, wodurch der Fahrer den Tretkreisdurchmesser seinen Wünschen entsprechend verändern konnte. Als die Tretkurbel am Ende der Hochrad-Ära nicht mehr direkt auf die

Henri Toulouse-Lautrec schuf 1896 diese Zeichnung, mit der L. B. Spoke als Generalvertreter in Frankreich für die englische Kette Simpson Werbung betrieb.

Vorderradachse wirkte, wurden ein eigenes Kurbellager und Kraftübertragungsmechanismen erforderlich. Die Lager fanden 1898 im sogenannten Doppelglockenlager ihren vorläufigen Entwicklungshöhepunkt. Derartige Kugellager hielten sich bis in die fünfziger Jahre unseres Jahrhunderts. Dann lösten moderne Kugellagerformen sie ab.

Zum wichtigsten Kraftübertragungselement entwickelte sich die endlose Kette.

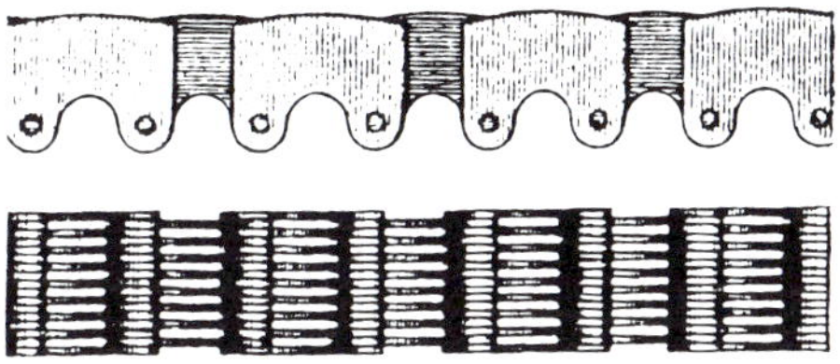

1829 schuf André Galle die erste Zahnkette.

Reine Zahnradgetriebe und die von Zeit zu Zeit immer wieder einmal auftauchenden Kardanwellen blieben im grossen und ganzen im Hintergrund. Erfinder der Gliederkette war kein Geringerer als das italienische Universalgenie Leonardo da Vinci, doch liess sich seine um 1500 skizzierte

Kette noch nicht durch ein Zahnrad antreiben; ihr fehlten die Zwischenräume zwischen den Gliedern. Diesen Mangel behob erst 1829 der Franzose André Galle. Er erfand eine Blockkette, die als Gallesche Kette bekannt wurde. Rasch entwickelte sich daraus die Rollenkette, und sie war es, die zur ersten Fahrradkette wurde. Aber die relativ langgliedrige Rollenkette erlaubte keinen ruhigen Antrieb; deshalb verwandten die Zweiradkonstrukteure bald eine neue, kurzgliedrigere Form der Blockkette.. Sie hat sich im Prinzip bis heute erhalten. Daneben führte in den siebziger Jahren unseres Jahrhunderts die japanische Firma Shimano wieder eine verbesserte Rollenkette, die «Uniglide Chain» ein, die sie speziell für einen geräuschlosen Übersetzungswechsel bei Kettenschaltungen entwickelt hat.

Immer Ärger mit den Radfahrern

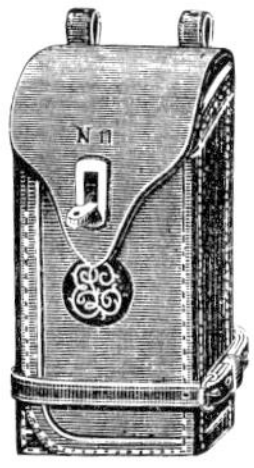

«Es wird wohl keinen Radfahrer geben, der nicht auf seinen Fahrten irgendeinen fremden Gegenstand, wenn auch unerheblich, beschädigt hat. Die Schnelligkeit und Geräuschlosigkeit des Fahrers oder des Publikums, auch wohl die verwickelte Lage, die der Strassenverkehr plötzlich schafft, bewirken, dass der Radfahrer leicht mit fremdem Eigentum in unliebsame Berührung kommt. Beschädigt ein Radfahrer das Kleid einer über die Strasse gehenden Dame dadurch, dass er aus Unachtsamkeit in das Kleid hineinfährt, gerät ein Radfahrer, welcher auf einer abschüssigen Strasse die Herrschaft über das Rad verloren hat, in das Fenster eines Hauses, so liegt eine strafbare Sachbeschädigung nicht vor, da die Beschädigung nicht gewollt, sondern nur eine unerwünschte Folge der Handlung des Radfahrers ist. Der Radfahrer würde aber strafbar werden, wenn er mit Absicht das Kleid der Dame beschädigt oder das Fenster zerbricht.» – Diese sachkundige Erläuterung gab 1900 Professor Dr. jur. Schumacher, selbst ein begeisterter Radler, in seinem Buch «Das Recht des Radfahrers».

Der Text lässt Unheil ahnen. Wenn es wirklich keinen Radfahrer gab, der nicht schon fremde Gegenstände beschädigt hatte, dann konnte der Radler in der Öffentlichkeit kaum grosse Sympathie erwarten. Professor Schumachers weiterer Text bestätigt diese Annahme: «Das Rad des Radfahrers ist aber oft der Gegenstand einer von anderen Personen verübten Sachbeschädigung. Wirft jemand mit Steinen in die Speichen des Rades, wirft jemand einen Stock zwischen das Rad in der Absicht, das Rad zu beschädigen, so liegt eine strafbare Sachbeschädigung vor. Häufig lassen Personen, die durch einen Radfahrer belästigt worden sind, ihre Wut an dem Rade selbst aus. Es

Beim eleganten Radkostüm war der Rock schon recht kurz. Der Schleier war dazu gedacht, Fliegen abzuhalten.

Die Mode spielte bei den radfahrenden Frauen schon seit jeher eine wichtige Rolle.

ist wiederholt vorgekommen, dass eine Person, die von einem Radfahrer aus Unachtsamkeit angefahren wurde, in das Rad hineintrat und das Rad so oft auf den Boden stiess, dass es in Stücke ging. In diesem Falle liegt eine strafbare Sachbeschädigung vor. – Die Beleidigung ist wohl diejenige strafbare Handlung, welcher der Radfahrer am meisten ausgesetzt ist. Gibt der Radfahrer z. B. mit der Schelle ein Zeichen, dass er an einem Fuhrwerk vorbeifahren will, so wird der Inhaber des Fuhrwerks beim Ausweichen dem Radfahrer jedenfalls einige Schimpfworte zurufen. Muss ein gedankenlos dahergehender Spaziergänger einige Sekunden stehenbleiben, damit ein Radfahrer vor ihm in eine Nebenstrasse einbiegen kann, so wird er seinem Unmut über diese Störung ganz sicher durch Worte Luft machen, die er nicht gerade in Knigges Buch über den Umgang mit Menschen entnommen hat. Ich notiere mir schon seit Jahren die Schimpfworte, welche mir auf meinen Radtouren zugeworfen worden sind, und ich habe manchmal geglaubt, alle menschenmöglichen Schimpfworte in dieses Wörterbuch aufgenommen zu haben. Nur zu oft erfahre ich aber zu meinem Erstaunen, dass ich die unerschöpfliche Fülle von beleidigenden Worten, die in des Menschen Brust schlummert, noch lange nicht ganz zu Papier gebracht habe.»

Dem öffentlichen Druck folgend und zugleich die willkommene Gelegenheit nutzend, die eigene Machtposition aufzubauen und auszukosten, zog während der zweiten Hälfte des 19. Jahrhunderts die Polizei mit unzähligen Verordnungen und nicht minder mit Hinterlist und Tücke gegen die Radfahrer zu Felde. In Uniform oder als Zivilisten verkleidet, lauerten Gendarmen hinter dicken Bäumen oder in Strassengräben den Radfahrern auf, um sie für die Übertretetung eines der Hunderte von Verboten zu bestrafen, deren sie sich oft genug gar nicht bewusst waren. Professor Schumacher empfahl deshalb in seinem Buch: «Es ist namentlich zu empfehlen, beim Einfahren in Städte die auf Posten stehenden Polizeibeamten zu befragen, ob bestimmte Strassen für den Radfahrer verboten sind oder ob irgendeine andere den Radfahrer berührende polizeiliche Vorschrift in Geltung steht. – Ob der Radfahrer die verschiedenen Polizeiverordnungen kennt oder nicht, ja ob er überhaupt in der Lage ist, sie kennenzulernen, ist für die Bestrafung gleichgültig. Der Radfahrer, welcher den Polizeivorschriften zuwider handelt, wird bestraft, auch wenn er beweisen sollte, dass er die betreffende Vorschrift nicht gekannt habe. Kommt z. B. ein Radfahrer auf einer Radfahrt um 12 Uhr mittags durch die Strasse einer Stadt, welche von 11–2 Uhr für Radfahrer gesperrt ist, so verfällt er der Strafe, sollte er auch nicht wissen, dass ein solches Verbot besteht und sollte z. B. auch am Eingange der Strasse ein Anschlag fehlen, aus welchem das Verbot hätte ersehen werden können.»

Tourenkostüm aus München (um 1890).

Ein öffentliches Ärgernis, dem gegenüber sich sogar die allgegenwärtige und übermächtige Polizei als handlungsunfähig erwies, sahen jahrzehntelang die Herren der Schöpfung – und vermutlich mehr noch deren Ehefrauen – in den augenfälligen Reizen radelnder Weiblichkeit. So meldete die «Münchener Zeitung» im Jahre 1900 empört: «Dem die Maximilianstrasse entlang promenierenden zahlreichen Publico bot sich gestern, Sonntagvormittag 12 Uhr, ein ebensoviel Entrüstung als Ärgernis erregendes Bild dar. Auf einem doppelsitzigen Velociped bewegte sich ein Pärchen in rascher Fahrt durch die Strasse. Das Pärchen bestand aus einem Mannsbilde und – seiner Donna, letztere in einem geblümten seidenen Rocke, durch den die stampfenden, das Vehikel in Bewegung setzenden Beine sich jedem, so darauf erpicht war, sie zu sehen, leicht präsentierten. Ohne Scham, stolz wie eine Amazone, liess die holde Dame sich männiglich mustern, ihre Fahrt ungeniert fortsetzend. Wir fragen nur: Ist dies

So belacht und karikiert wurden Frauen, die sich 1869 in Paris auf Bicycles wagten.

Im Bois de Boulogne (Paris) traf man sich kurz vor der Jahrhundertwende mit den Rädern zum Rendez-vous.

die neueste Art Velocipedsport? Darf auf solche Art dem öffentlichen Sittlichkeitsgefühle ungestraft ein Faustschlag ins Gesicht versetzt werden? Endlich: Ist dies die neueste Art von Reklame für gewisse Weibspersonen? Zuletzt: Wo bleibt die Polizei...»
Die wegen ihrer unzeitgemässen Sportlichkeit so hart gerügte junge Dame war keineswegs eine der ersten Radlerinnen, die beim biederen Bürgertum Empörung hervorriefen. Bereits 1867, mit dem Aufkommen der Michaulinen, stiegen junge Damen in Paris aufs Zweirad, und weil das in den stoffreichen Röcken der Epoche nicht

möglich war, zogen sie kurzerhand Knabenkleidung an. Das war natürlich skandalös und führte zur sofortigen Entwicklung erster Damenräder, deren Rahmen auch konventioneller Damenoberbekleidung Raum bot. Was indes noch immer störte, war die Tornüre, die enge Einschnürung des weiblichen Leibes im Korsett. Sie bedrängte die Lungen, und das vertrug sich nicht mit dem erhöhten Sauerstoffbedarf des Körpers beim Radfahren. Die Damen fielen ohnmächtig vom Velocipède, was statt Mitleid wiederum Missfallen auslöste. Die Zeit für eine eigene Fahrradmode wurde reif, doch diese war zunächst eher lächerlich als kleidsam. Dazu ein Zitat aus der Zeitschrift «Radlerin und Radler» vom 28. Februar 1900: «An dem an der Innenseite des Rockvorderteils sitzenden Doppelring ist das Zugseil befestigt; es läuft zwischen den Beinen der Trägerin hindurch zu dem am hinteren Rockteil etwas tiefer sitzenden einfachen Ring, von dort zurück zum zweiten Auge des Ringes und endlich durch ein Loch im Rock nach aussen. Bevor die Dame das Rad besteigt, zieht sie an der Schnur oder dem Band; dadurch wird sofort der hintere Teil des Rockes eingezogen, während die beiden Rockseiten in gleichmässiger Weise nach den Seiten verteilt werden. Die Dame kann nun ihren Sitz im Sattel einnehmen, ohne sich später noch einmal in den Pedalen erheben und das Kleid ordnen zu müssen.»

So war denn die Geschichte des Rades, die ja nicht zuletzt auch eine Geschichte des Radfahrens ist, nicht immer nur eine ungetrübt erfreuliche. Und offenbar ist sie es auch heute noch nicht. Unlängst erzählte mir ein befreundeter Diplom-Ingenieur in gehobener industrieller Position, der zu Beginn seines fünften Lebensjahrzehnts das Sportrad als wundervolles Entspannungs- und Fitnessgerät entdeckte, dass er sich noch nie zuvor in seinem Leben so grässlichen Schimpftiraden und derben Flüchen ausgesetzt sah wie jetzt seitens hochnäsiger Autofahrer. Ich erzählte meinem Zahnarzt, ebenfalls einem begeisterten Sportradfahrer, von dieser Erfahrung, der prompt über eine Fülle ähnlicher Erlebnisse berichtete. So hatte er lange Zeit regelmässig Schwierigkeiten, mit Hosenklammern und in Radfahrerkluft Einlass in bessere Hotels zu finden. Jetzt wählt er meist den Personaleingang und stösst dort regelmässig auf Verständnis und Entgegenkommen. Dafür aber wiesen ihn während der Rast auf einer Parkbank in einer süddeutschen Grossstadt ein paar obdach- und arbeitslose Mitmenschen auf die warmen Lüftungsschächte eines städtischen Krankenhauses hin, in denen sich trocken und behaglich nächtigen liesse. Und das Repertoire unflätiger Beschimpfungen ist auch ihm geläufig. Er kommentiert das augenzwinkernd mit der Weisheit des abgeklärten, weil erfahrenen Sportradlers: «Mein Rad bringt mich dem Volk näher. Als Automobilist fahre ich an den Menschen vorbei. Unter dem Strich sind die Erfahrungen sogar positiv. Als armer Radfahrer begegne ich auch Entgegenkommen und Hilfsbereitschaft. Und nicht zuletzt habe ich mich selbst besser kennengelernt.» – Lässt sich am Ende einer Betrachtung über die wechselhafte Geschichte des Radfahrens eine schönere Bilanz ziehen?

Kinderlaufrad von 1820.

Abbildungen:

Archiv Udo Schmidt-Arndt:
S. 36, 38/39, 44/45, 49, 52/53, 54, 58
Wolfgang Gronen:
S. 34, 43, 53, 67
Opel-Werke Rüsselsheim:
S. 56/57, 58
Schweizerisches Sportmuseum Basel:
S. 7, 9, 27, 29, 30, 33, 37, 38, 42, 46, 50, 67